Schottland er-fahren

BoD™
BOOKS on DEMAND

für Jana

...die Delphine warten auf unsere Rückkehr!

Ralf Zwanziger

Schottland er-fahren

Mit dem Auto durch das nördliche Schottland und die Highlands

Bibliografische Information der Deutschen Nationalbibliothek:
Die Deutsche Nationalbibliothek verzeichnet diese Publikation in der Deutschen Nationalbibliografie; detaillierte bibliografische Daten sind im Internet über http://dnb.dnb.de abrufbar.

Illustration und Bilder: Ralf Zwanziger

Herstellung und Verlag: BoD – Books on Demand, Norderstedt

ISBN: 978-3-7460-3276-4

Inhalt

Vorwort

Warum fährt man in ein Land am Rande Europas? In ein Land, an dessen Südgrenze einst der römische Kaiser gut 100 Jahre nach Christi Geburt eine Mauer errichten ließ, um sich vor den Barbaren zu schützen, die in diesem Land wohnten?

Meine Frau Jana und ich wollten, nach fünf Jahren Toskana-Urlaub in Folge, wieder einmal etwas Anderes sehen. Wir waren uns aber noch nicht im Klaren darüber, wohin die Reise gehen sollte. Der Zufall wollte es, dass wir genau dort, im Toskana-Urlaub 2014, ein Paar aus Hamburg kennenlernten. Bei einem gemeinsamen Abendessen schwärmte der Mann von seinem Aufenthalt in Irland, und zwar so nachhaltig, dass unser Interesse geweckt wurde. Da wir beide schottischen Whisky mögen, entschlossen wir uns dann aber trotzdem, zunächst das Herkunftsland der meisten von uns genossenen Single Malts aufzusuchen. Ab und zu steht zwar auch ein irischer Whisky im Regal, doch Schottland führt hier eindeutig. Nicht zuletzt weil es in Schottland um Größenordnungen mehr Whiskybrennereien gibt als in Irland. So fiel die Wahl auf dieses Land.

Schon bald war klar, dass es eine Rundreise werden sollte. Schon deshalb, um einen „ersten Überblick" über das uns noch unbekannte Land zu bekommen. Denn viel wussten wir zu diesem Zeitpunkt noch nicht über Schottland. Lediglich dass das Land etwa so groß ist wie Bayern, dass es geografisch am Nordende der britischen Insel liegt und natürlich kannten wir die üblichen Vorurteile: Schotten sind geizig, laufen nur in karierten Röcken herum, ernähren sich ausschließlich von Haggis und Whisky und spielen den ganzen Tag lang Dudelsack. Alle. Ausnahmslos. Außerdem leben dort mehr Schafe als Menschen.

Nun, dass Schottland und seine Einwohner ein wenig anders ticken als hier reichlich überspitzt dargestellt, war uns natürlich klar. Denn auch hier in Bayern laufen nicht alle Leute durchgehend in Lederhosen und Dirndl herum, während sie Bier aus Maßkrügen trinken und der Kunst des Jodelns nachgehen. Doch für einen Besuch in einem uns bis dahin völlig unbekannten Land ist dieses Wissen nicht ganz ausreichend.

Wir haben bislang noch nicht eine einzige Pauschalreise gemacht, sondern immer Unterkunft und gegebenenfalls Anreise per Flugzeug selbst gebucht. Bisher hatten sich unsere Urlaube zwar immer auf einen, maximal zwei Standorte und Unterkünfte beschränkt, aber ein Individualurlaub sollte es auch in Schottland werden. Die Planung verkompliziert sich natürlich bei einer Rundreise, ist aber machbar. Hierfür mussten wir sämtliche Orte vorab festlegen, die zu besichtigen wir planten. Ein paar „Meilensteine", die auf dem Programm stehen sollten, bekam ich von Jana genannt. Den Rest der Planung überließ sie mir, wie eigentlich sonst auch bei der Urlaubsplanung. Bisher ging das auch immer gut, da sich unsere Urlaubsinteressen weitgehend gleichen. Wir fahren zwar auch hier und da in größere Städte, auch eine Woche Rom haben wir schon genossen und London steht noch auf dem Programm, doch die „großen" Urlaube verbringen wir lieber in ruhigeren Gebieten, denn Lärm und Stress haben wir das Jahr über genügend um uns herum. Urlaub verbinden wir mit Natur, Tieren, Landschaft, Ruhe. Eine Kombination, die man in Schottland übrigens zuhauf finden kann.

Ja und so stand ich wieder einmal da, ein paar Eckdaten im Hinterkopf, den Laptop hochgefahren und überlegte, wie es weitergehen sollte. Woher bekommt man denn nun Infos über das gewünschte Reiseland? Welche Ecken muss man gesehen haben und welche sind reine Touristenfallen, die man lieber meiden sollte? Die Auswahl war in der Tat eine Herausforderung. Es stellte sich aber heraus, dass diese Vorarbeiten riesigen Spaß machten und ich im Nachhinein froh bin, mir diese Arbeit gemacht zu haben. Auf irgendeine Weise sind die Vorarbeiten so selbst zu einem Teil des Urlaubs geworden. Der Planung und Reisevorbereitung habe ich daher das erste Kapitel dieses Buches gewidmet.

Noch ein Hinweis vorweg: Alle Links, Verweise, Quellen und verwendete Literatur finden Sie am Ende des Buches in einer Übersicht (Kapitel: Literatur, Links und Verweise). Hier werde ich auch die Internet-Adressen einiger Firmen und Unterkünfte aufführen. Diese sind für das Verständnis des Buches natürlich nicht notwendig, helfen aber demjenigen, der vielleicht einige der erwähnten Orte selber besuchen will oder einfach noch ein paar weitergehende Informationen lesen möchte. Im laufenden Text sind solche Verweise jeweils durch eine hochgestellte Zahl in eckigen Klammern gekennzeichnet. Nur hochgestellte Zahlen, also ohne eckige Klammern, sind normale Fußnoten, die Sie wie üblich direkt unten auf der jeweiligen Seite finden.

Und nun wünsche ich Ihnen viel Spaß beim Lesen unseres Reisetagebuchs „Schottland er-fahren". Vielleicht wecken wir ja bei dem Einen oder Anderen das Interesse an diesem schönen Land!

Reisevorbereitung

Neben ein paar Erzählungen von Freunden und Kollegen, die schon einmal in Schottland waren und mir interessante Anhaltspunkte für meine eigenen Recherchen gaben, habe ich natürlich auch etliche Seiten im Internet entdeckt, die mir wertvolle Informationen boten. Weiterhin dienten einige Dokumentationen im Fernsehen sowie, ganz klassisch, gedruckte Bücher als Informationsquellen.

Mit den Druckwerken möchte ich beginnen. Das waren vor allem zwei Reiseführer: „DuMont Reise-Handbuch Schottland"[1] sowie „Baedeker Wissen: Schottland"[2]

Über Brennereien informierte ich mich im Buch „Whisky Trails"[3]. Weitere Einzelheiten zu den Brennereien fand ich in der Flaschen-Datenbank des Internet-Auftritts von whisky.de[4].

Außerdem hatte ich viele Informationen, nicht spezifisch zu Schottland, aber zu Großbritannien an sich, aus Sven Rudloffs „Viva Britannia – der Insel-Podcast"[5] erhalten. Leider wird dieser informative Podcast momentan nur noch sehr spartanisch weiterentwickelt. Die bisherigen Folgen sind aber alle noch online und bieten interessante Informationen zum gesamten Königreich. Und wer lieber liest statt hört: die auf heitere, aber nicht minder interessante Art zusammengestellten Informationen gibt es auch in Form zweier Bücher zu kaufen: „Viva Britannia 1: Wissenswertes von der Insel"[6] und „Viva Britannia 2: Mehr Wissenswertes von der Insel"[7].

Weitere interessante Orte, die einen Besuch wert sind, fand ich auf der Internetseite von „North Coast 500"[8], das ist eine Routenbeschreibung von über 500 Meilen Länge. Diese ist als Rundkurs ausgelegt, der in Inverness beginnt und endet. Diese Route sind wir im Großen und Ganzen abgefahren (und sogar noch ein bisschen weiter). North Coast 500 nennt sich selbst die „schottische Antwort auf die Route 66" :-)

Da ich gerade beim Aufschreiben der verwendeten Literatur und Quellen bin, möchte ich noch eine Empfehlung für die Reise selbst abgeben: Auch wenn man heute meist mit dem Navigationssystem reist, so ist es doch für die Planung von Ausflügen oder Umwegen sehr praktisch, wenn man im Urlaubsland auf gedruckte Karten zurückgreifen kann. Ich selbst fand dabei einen „Handschuhfach-Atlas"[9] mit Spiralbindung praktischer als eine gefaltete Landkarte. Es blättert sich einfach wesentlich schneller und einfacher in einem handlichen Buch, als gefühlte zwei Quadratmeter Landkarte im engen Cockpit eines Autos auseinanderzufalten. Vor allem während der Fahrt möchte ich von dieser Technik abraten. Einen solchen Atlas bekommt man entweder direkt vor Ort oder, ganz bequem, zu Hause per Bestellung im Internet. Wer noch aus der

Zeit des guten, alten „ADAC-Atlas" stammt: der Schottland-Atlas ist ähnlich aufgebaut, nur der Maßstab ist kleiner und er ist natürlich auch dünner.

Die beiden Reiseführer habe ich zunächst nur durchgelesen und für mich interessant klingende Orte auf einen Block geschrieben. Der Block diente auch als Gedankenstütze bei gesehenen Reportagen. Nach dieser „Auswertungsphase" ging es dann an die Internet-Recherche. Dabei habe ich die Orte, Sehenswürdigkeiten, Pubs, Unterkünfte, Brennereien, Schlösser u.s.w. zunächst auf GoogleMaps[10] gesucht und darüber die geographischen Koordinaten ermittelt. Wie das funktioniert erkläre ich weiter unten. Dann habe ich im Internet nach weiteren Informationen gesucht. Oft habe ich welche gefunden, manchmal aber auch nicht. Dann dienten lediglich die Infos in den Reiseführern oder Dokumentationen als Quelle. Die so ermittelten Informationen zu jedem POI[1] habe ich zunächst mit den Koordinaten in einem großen Textdokument gesammelt.

Die so gefundenen Orte habe ich in einer Landkarte eingetragen, in meinem Fall war das wieder eine Google-Landkarte. Dies erforderte ein wenig Programmieraufwand, dafür sah die Karte hinterher auch genauso aus wie ich es wollte und alle gefundenen Informationen waren darin enthalten. Keine Sorge, Sie

---

1   Abk. für: Point Of Interest = Interessanter Punkt (auf der Landkarte)

müssen deswegen nicht programmieren lernen. Es gibt hervorragende Gratis-Programme, mit denen Sie POIs sehr einfach in einer Landkarte darstellen können. Eines der Programme ist zum Beispiel die Desktop-Version von GoogleEarth, welche für die meisten Betriebssysteme (Windows, Mac, Linux und Android) kostenlos zum Download[11] angeboten wird. Man kann aber auch einfach eine Landkarte von Schottland aus dem Internet nehmen, ausdrucken und die Punkte entsprechend mit Filzstift darauf einzeichnen.

In meiner Karte zeigte nun die Verteilung der Punkte bereits ein grobes Gesamtbild über die Reiseroute, die wir während unseres Urlaubs er-fahren wollten. Danach fing ich an, einzelne Gebiete noch mit Google StreetView (das geht direkt im Internet-Browser innerhalb von GoogleMaps oder in dem erwähnten Gratisprogramm GoogleEarth) zu begutachten und habe auch hierbei noch interessante Objekte entdeckt, von denen natürlich ebenfalls viele den Weg in meine Karte gefunden haben.

Die StreetView-Funktion von Google ist eine tolle Methode, wenn man vorab wissen möchte, wie es in einer bestimmten Gegend aussieht. Unabhängig davon, ob man in dem Gebiet Urlaub machen will oder nicht, kann man damit viel Zeit verbringen. So mag es beispielsweise für Fahrrad-Fans interessant sein, die Strecke der Tour de France am PC nachzufahren. Das kleine Lieblingsrestaurant aus dem letzten Spanienurlaub zu betrachten ist ebenso möglich wie einfach einmal virtuell durch Mexico City zu reisen. Der Phantasie sind kaum Grenzen gesetzt.

StreetView funktioniert in vielen Teilen der Welt und dabei fast in ganz Europa, mit Ausnahme der Länder Bosnien Herzegowina, dem Kosovo, Österreich und Deutschland. Warum ist gerade Deutschland nicht oder so gut wie nicht in StreetView zu finden? Grund dafür dürfte das sein, was im englischsprachigen Raum unter dem Begriff „German Angst" bekannt ist: die weltweit oft einzigartigen, überzogenen Reaktionen Deutschlands auf bestimmte Ereignisse (Vogelgrippe, BSE, Terrorakte oder auch StreetView-Kamerawagen), die vor allem in den deutschen Medien ausgelebt und breitgetreten werden. So wurde im Jahr 2010 bei Googles Versuch, StreetView auch in Deutschland einzuführen, extra eine Seite eingerichtet, auf der man die Unkenntlichmachung des eigenen Hauses in dem gesammelten Bildmaterial beantragen konnte.

Über diese Seite wurden fast eine viertel Million dieser Anträge gestellt. Als Google dann Ende des Jahres 2010 mit den 20 größten Städten Deutschlands bei StreetView online ging, sah das Bild entsprechend verunstaltet aus. Es existierte kaum eine Straße, auf der keine Häuser fehlten. Die „Lücken" sahen dabei aus wie große Milchglasscheiben, und sie existieren heute natürlich immer noch. Probieren Sie es aus und fahren Sie virtuell mit StreetView einmal durch Berlin und danach durch Paris, London oder Florenz. Was wirkt besser?

Nun aber zurück zu unseren Reisevorbereitungen, bei denen ich mich freute, dass die Reise nach Schottland ging und nicht nach Deutschland, denn in Schottland funktionierte StreetView. Und das sehr gut, denn auch in sehr abgelegenen Gegenden sind dort auch kleinste Straßen erfasst. Hier konnte ich an langen Winterabenden noch viel Interessantes entdecken, was natürlich ebenfalls Einzug in meine POI-Liste fand.

Irgendwann kam der Zeitpunkt, an dem ich meinte, alle interessanten Flecken für die erste Schottlandreise gefunden und kartografiert zu haben. Nun war es an der Zeit, einen Rundkurs zu finden, Stützpunkte (also Unterkünfte) festzulegen und diese gekonnt mit Planungen für Tagesausflüge anzureichern. Dies war gar nicht so schwer wie anfangs vermutet und so stand schon ein paar Stunden danach die Reiseroute ziemlich fest. Diese startete an der Ostküste Schottlands, in Aberdeen am Flughafen Dyce. Hier wollten wir dann auch einen Mietwagen für die Reise entgegennehmen. Grob gesagt ging die geplante Route von da aus in Richtung Norden bis zur Küste von Aberdeenshire, dann entgegen dem Uhrzeigersinn immer in Küstennähe, mit ein paar Abstechern ins Landesinnere, zunächst nach Westen bis Inverness. Von dort aus sollte es bis ganz nach Norden gehen, dann die Nordküste entlang nach Westen bis fast zur Nordwestspitze des britischen Festlands. Weiter an der Westküste entlang Richtung Süden, über die Stadt Ullapool bis zur Insel Skye. Prinzipiell also von Aberdeen aus einmal die Küste entlang bis Skye. Auf der Insel Skye wollten wir ein paar Tage bleiben und dann diagonal durch das Land bis nach Edinburgh fahren, wo wir dann auch das Auto abgeben und den Rückflug antreten wollten.

Fliegt man von einem anderen Flughafen zurück als von dem, auf dem man am Anfang der Reise gelandet ist, nennt sich das Gabelflug. Die großen Mietwagenanbieter haben praktisch an allen Flughäfen Vertretungen, so dass man den Mietwagen an einer anderen Station abgeben kann als dort, wo man ihn abgeholt hat. Während die Fluggesellschaften in der Regel keinen Aufschlag für Gabelflüge verlangen, sind die Mietwagenfirmen hier weniger tolerant. Der entsprechende Begriff heißt hier Einwegmiete. Sie sollte in unserem Fall £42,00 betragen und vor Ort bei der Anmietung zu zahlen sein.

Nach der Festlegung der Route mussten die Stützpunkte, also Übernachtungsplätze definiert werden. Geschlafen haben wir fast nur in sogenannten Bed-and-Breakfasts, kurz B&Bs. Das sind privat vermietete Zimmer, oft von älteren Leuten geführt. Sind deren Kinder irgendwann ausgezogen, werden die nun übrigen Räume ausgebaut, meist mit einem Badezimmer versehen und als B&B an Touristen vermietet. Der Preis lag, ungeachtet der Ausstattung der einzelnen Häuser, fast konstant bei ca. £80 (plus minus zehn Prozent) pro Nacht für uns zwei.

Das Frühstück war ausnahmslos gut und reichlich. Es gibt fast überall das Gleiche: Toast und/oder anderes Brot mit Butter und Marmelade, Müsli, Kaffee oder Tee, Fruchtsaft. Das ist sozusagen die „Grundausstattung" beim Frühstück. Bleibt es dabei, so wird diese Art Frühstück auch „continental breakfast" genannt, weil es oft in Kontinental-Europa und Nordamerika eingenommen wird. Schottland liegt aber in Großbritannien und da ist das „English breakfast" oder auch „cooked breakfast" üblich, welches es zusätzlich zum oben genannten continental breakfast gibt. Dieses cooked breakfast besteht aus beliebig vielen der folgenden Komponenten, wobei ich den Originalnamen angebe und in Klammern dahinter jeweils die deutsche Übersetzung: Porridge (warmer Haferbrei, den man nach Geschmack einfach so isst oder auch Zucker oder Honig einrührt), baked beans (gebackene, dicke Bohnen), bacon (gebratener Speck), sausages (eine Art kleiner Bratwürste, in der Pfanne gebraten), mushrooms (gebratene Champignons), haggis (siehe „Gerichte" im Schottland-ABC am Ende des Buches), salmon (Lachs), haddock (Schellfisch), kippers (warmer Räucherhering) und eggs (Eier) in verschiedenen Zubereitungsarten: cooked (gekocht), scrambled (gerührt), als fried egg (Spiegelei) oder als baked egg

(Spiegelei, welches beim Braten irgendwann gewendet wird, also ein Back-Ei) und schließlich noch in der hierzulande eher seltenen Zubereitungsart poached egg (pochiertes Ei).

Da auch der größte Holzfällermagen unmöglich alle der aufgezählten Dinge auf einmal essen kann, hat sich folgende Vorgehensweise eingespielt: Am Abend schreibt man auf einen Zettel, was man morgens gern zum Frühstück haben möchte, beziehungsweise füllt einen entsprechendes „Formular" aus, denn nicht überall gibt es immer alle genannten Zutaten. Am Morgen wird dann das zuvor Angekreuzte von den Gastgebern frisch zubereitet, deswegen „cooked breakfast". Die bei „continental breakfast" genannten Speisen und Getränke sind in der Regel immer zusätzlich vorhanden, auch ohne vorherige Bestellung.

Soll man die Unterkünfte nun im Voraus buchen oder vor Ort suchen? An dieser Frage scheiden sich die Geister. Meine persönliche Antwort lautet nach unserer ersten Schottland-Reise und den dabei gemachten Erfahrungen ganz klar: unbedingt vorher buchen! Obwohl wir im September unterwegs waren und die Hauptreisezeit schon vorbei war, haben wir an vielen Unterkünften das Schild „no vacancies" gesehen. Bis auf ein paar Ausnahmen hatte ich glücklicherweise bereits im Voraus gebucht. Auch ist es so, dass man mit der Suche nach einer Unterkunft viel wertvolle Zeit vergeudet: Herumfahren, die Augen nach Schildern offen halten, anhalten, fragen – leider nichts frei, weitersuchen. Das ist einfach ärgerlich. Außerdem steigt mit der Anzahl der besetzten Häuser auch das Unwohlsein, wenn man Abends um 18 Uhr noch kein Bett für die kommende Nacht gefunden hat. Insofern hier noch einmal ganz klar die Empfehlung: Will man nicht im Wohnmobil reisen, sondern in festen Häusern die Nacht verbringen, dann bitte die Route daheim festlegen und im Voraus möglichst alle Zimmer buchen. Man verliert zwar Flexibilität und kann nicht mehr sagen: Hier ist es so schön, hier bleiben wir zwei Tage länger als geplant. Man gewinnt aber im Gegenzug Sicherheit und spart Zeit bei der Zimmersuche.

Dasselbe gilt natürlich nicht nur für B&Bs, sondern auch für Hotelzimmer. Und überall gilt: das Zeitfenster für Ankunft sollte man wissen. Es ist unterschiedlich, liegt aber meist zwischen 16 und 19 Uhr. Schafft man es aus irgendeinem Grund nicht bis dahin, sollte man seinen Vermieter anrufen und ihm dies mitteilen. Dies gebietet schon die Höflichkeit. Deswegen nehmen Sie bitte von jeder Unterkunft die Telefonnummer mit zu den Reiseunterlagen. Die Adresse natürlich ebenfalls.

Woher bekommt man nun Informationen darüber, welche B&Bs in einer bestimmten Region überhaupt vorhanden sind? Hier empfehle ich zwei Vorgehensweisen. Zum einen können Sie im Internet die Suchmaschine Ihres Vertrauens (ja, es gibt noch mehr als

Google) aufrufen und den Namen der Stadt, in der Sie ein B&B suchen, gefolgt von dem Kürzel „B&B" suchen. Dann einfach nacheinander alle Ergebnisse anzeigen, die Bilder, Preise und Beschreibungen ansehen und bei Gefallen notieren (Adresse des Internetauftritts, postalische Adresse des B&Bs). Pro Region sollten Sie drei bis vier B&Bs haben, die Ihnen zusagen, denn bei der anschließenden Reservierung können Sie nicht davon ausgehen, dass das erste B&B gleich frei ist. Eine Buchungsanfrage führt man entweder per E-Mail durch oder, bei vielen Anbietern mittlerweile Standard, direkt auf der Webseite. Hier kann man oft ganz bequem den gewünschten Zeitraum in einem Kalender wählen und sieht bereits vor dem Absenden einer Anfrage, wann ein Zimmer verfügbar ist und wann nicht.

Die andere Möglichkeit, die ich genutzt habe, um B&Bs zu finden, geht so: Suchen Sie in GoogleMaps[10] zunächst nach der gewünschten Stadt oder Region. Wählen Sie dazu die normale Landkartenansicht, nicht die Satellitensicht. Dann zoomen Sie so weit in die Karte hinein (rechts unten in der Karte auf das + klicken oder, bequemer, mit dem Mausrad falls vorhanden), bis kleine Symbole in den Straßen auftauchen. Für Unterkünfte können Sie nun einfach auf die Symbole mit dem kleinen Bett klicken, woraufhin im linken Bereich die Detailinformationen angezeigt werden, die hoffentlich auch eine Internetadresse enthalten. Über einen Klick auf diese Adresse können Sie direkt die Homepage des Anbieters aufrufen, wo Sie wie oben beschrieben fortfahren.

Persönliche E-Mails an die Besitzer der B&Bs ziehe ich übrigens immer einer anonymen Reservierung auf einer Webseite vor. So lernt man sich bereits ein wenig kennen, wenn auch nicht persönlich.

Zum Abschluss noch ein paar Vokabeln, die Sie kennen sollten, wenn Sie Unterkünfte auf englischsprachigen Webseiten suchen. Der „double room" ist das uns bekannte Doppelzimmer mit Doppelbett, hingegen findet man im „twin room" zwei Einzelbetten. Seltener gibt es den „single room", also das Einzelzimmer. Wahrscheinlicher ist es, wenn Sie alleine reisen, dass Sie ein „double/twin room with single occupancy" buchen müssen, also ein Doppelzimmer mit Einzelbelegung. Mehr als zwei Personen Platz bietet der „triple room" (drei) oder der „family room" (drei oder mehr – Beschreibung lesen).

Standard sind inzwischen „en-suite facilities", das ist das am Zimmer angeschlossene Bad mit Toilette, also so wie wir es aus Hotels kennen. Auch noch vorkommen können Zimmer mit „private bathroom", bei denen Sie zwar Ihr eigenes Badezimmer haben, dieses aber nicht direkt aus dem Zimmer heraus erreichbar ist. Also wie daheim: raus aus dem Schlafzimmer, über den Gang und rein ins Bad. Seltener, aber immer noch zu finden, ist „shared bathroom". Das ist dann das Badezimmer, welches man sich entweder mit Gästen in anderen Zimmern oder mit den Vermietern oder mit beiden teilt. Ich würde da eher eine andere Unterkunft empfehlen, anstatt mich mit anderen Gästen über die Benutzung von Dusche und WC abzusprechen. Aber letztendlich bleibt das natürlich Ihnen überlassen. Reist man zu viert, vielleicht sogar mit allen Reisenden aus derselben Familie, ist ein shared bathroom sicher auch eine Option.

Wie lange man in welchem B&B bleibt, ist natürlich hauptsächlich davon abhängig, welche und wie viele Sehenswürdigkeiten es an jedem Standort gibt. Wir hatten im Voraus jeweils zwei oder drei Nächte gebucht. Auch ist zu beachten, dass einige Anbieter eine Mindestanzahl an Übernachtungen verlangen (meist zwei oder drei), bei anderen wiederum wird es ab einer bestimmten Anzahl an Übernachtungen billiger.

Nun habe ich Ihnen geschildert, wie man eine Reise nach Schottland vorbereitet oder zumindest, wie ich dies getan habe. Der erste Schritt sollte natürlich die Festlegung der Reisedauer sein, d.h. wann ist Anreise- und wann Rückreisetag. Wir hatten beispielsweise drei Wochen Urlaub und wollten davon etwa zwei Wochen oder etwas länger in Schottland verweilen. Ist man hier mit den Zeiten etwas flexibel, so kann man beim Flug eine Menge Geld sparen. Das kann im Extremfall fast die Hälfte ausmachen. Auch die Uhrzeit ist ausschlaggebend. So kann ein Flug von Frankfurt nach Glasgow um 7:00 Uhr 170 Euro kosten, um

10:00 Uhr nur noch 110 Euro und um 12:00 Uhr vielleicht 200 Euro.

Nach Buchung des Fluges habe ich mich umgehend um einen Mietwagen gekümmert. Gefunden habe ich diesen recht bequem über ein Vergleichsportal, hier kann man auch nach bestimmten Kriterien filtern. Ich empfehle ein Rundumschutz-Paket mit Vollkasko ohne Selbstbeteiligung, faire Tankregelung (das heißt vollgetankt entgegennehmen und vollgetankt wieder abgeben) und alle Kilometer frei. Auf eine Klimaanlage kann man in Schottland in der Regel verzichten. Als Fahrzeugklasse hatte ich „Kleinwagen" angegeben und wir hatten Glück mit der Größe. Man kann als Kleinwagen aber auch einen Fiat 500 bekommen und in diesem hat man dann echt Schwierigkeiten, das Gepäck unterzubringen.

Ein Fallstrick ist noch der Abhol- und Rückgabepunkt. Hier sollten Sie unbedingt Flughafen-Stationen wählen, sonst kann es sein, dass Sie zu Beginn Ihrer Reise in Schottland mit Ihren Koffern am Flughafen stehen, das Auto aber in der 20 Kilometer entfernten Innenstadt auf Sie wartet. Achten Sie außerdem auf die Öffnungszeiten, diese sollten zu Ihren Ankunfts- und Abflugzeiten passen.

Wer nicht fliegen möchte, kann Schottland auch mit der Fähre erreichen, und zwar von Amsterdam nach Newcastle, von dort aus ist es nicht mehr weit bis zur schottischen Grenze. Die Fähre braucht aber etwa 15

Stunden für die Strecke. Sie fährt nachts, das heißt eine Kabine mit Bett ist hier eigentlich Pflicht. Alles zusammen in meinen Augen eine kostspielige Art der Reise, vor allem weil man ja auch erst einmal nach Amsterdam kommen muss. Die Fähre hin und zurück schlägt, Stand 2017, mit Kabine, zwei Erwachsenen und einem PKW, mit etwa 500 bis 800 Euro zu Buche. Zum Vergleich: wir haben 2016 für den Flug ab Nürnberg ziemlich genau 500 Euro bezahlt (hin und zurück), der Leihwagen kam auch noch einmal auf 500 Euro (für 18 Tage). Beim eigenen Auto kommen natürlich noch Verschleiß und Wertminderung aufgrund der langen Strecken dazu.

Damit soll es aber nun auch genügen mit der Schilderung unserer Reisevorbereitungen. Ich hoffe, Sie konnten daraus einige Informationen für Ihre eigene Schottlandreise ziehen, falls Sie eine solche planen. Bevor es nun endlich losgeht mit unserem Reisetagebuch, möchte ich noch ein paar Worte zum Aufbau dieses Buches verlieren.

Ich habe jedem Tag der Reise ein extra Kapitel gewidmet. Am Ende des Buches folgen dann noch Kapitel über die administrative Aufteilung Schottlands und die Entwicklung dieser Aufteilung über die letzten Jahrzehnte, eine kleine Aufstellung berühmter Schotten mit kurzem Lebenslauf sowie das „Schottland-ABC". Darin gebe ich Ihnen einige Infos, die Ihnen das Leben in diesem Land erleichtern, wobei Leben natürlich auch für Touristen zutrifft, denn während des Urlaubs lebt man ja ebenfalls in diesem Land. Und natürlich fehlt darin auch eine kleine Einführung in das schottische Nationalgetränk Whisky nicht.

Am Ende jedes Reisetags werde ich die wichtigsten Orte, die wir besucht haben, in Form geographischer Koordinaten angeben. Warum nun gerade in geographischen Koordinaten und nicht einfach als Adresse? Nun, eine Adresse ist für viele Menschen bestimmt leichter zu merken als eine Reihe von Ziffern. Für manche Orte gibt es aber nicht notwendigerweise eine gültige Adresse, zum Beispiel wenn es sich um einen Aussichtspunkt mitten im Wald oder einen idyllischen See neben einer abgelegenen Straße handelt. Zu jeder Adresse in einer Stadt und zu jedem Punkt auf unserer Erde gibt es aber immer Koordinaten, die den Ort beschreiben. Um eine einheitliche Schreibweise zu verwenden, werde ich für alle Orte nur die Koordinaten angeben.

Sie können die genaue Lage der angegebenen Koordinaten übrigens direkt am Computer überprüfen. Öffnen Sie dazu die GoogleMaps-Seite[10] und geben Sie in dem Suchfeld keine Adresse, sondern ein Koordinatenpaar ein, beispielsweise: **N57.6491 W3.3201** und drücken Sie dann die Eingabetaste oder klicken Sie auf das Lupensymbol. Sie sollten nun einen Kartenausschnitt der Stadt Elgin sehen, auf dem ein Marker mitten in einem Kreisverkehr steckt. Die Schreibweise mit vier Nachkommastellen ist auch hinreichend genau: In Nord-Süd-Richtung erreicht man damit eine Genauigkeit von 11 Metern, in Ost-West-Richtung sogar 6 Meter. Selbst wenn es eine Adresse des Kreisverkehrs gäbe, so genau wäre diese sicher nicht.

Zusatzinformationen, die mit der Reise nicht unbedingt etwas zu tun haben, aber etwas Hintergrundwissen mitbringen, werde ich in einem eingerückten Textfeld in *kursiver, kleinerer Schrift* darstellen. Dieser „Infobereich" sieht dann so aus:

> *Koordinatenangaben*
>
> *Die Koordinaten gebe ich im Format Ndd.dddd Wdd.dddd an, also in dezimaler Form mit je vier Nachkommastellen. Bitte beachten Sie, dass das Trennzeichen ein Punkt ist und kein Komma, wie es in Deutschland bei Dezimalzahlen üblich wäre.*
>
> *Jede Koordinatenangabe besteht immer aus zwei Teilen: die erste Zahl mit dem N davor ist die nördliche Breite, die zweite mit dem W ist die westliche Länge. Beide Teile werden durch ein Leerzeichen voneinander getrennt. Die Koordinatenangaben können Sie in den meisten Navigationssystemen für KFZ direkt eingeben. Sie müssen lediglich das Eingabeformat auf Dezimalgrad einstellen.*

Interessant für uns war es natürlich auch, wie viele Meilen oder Kilometer wir in diesem Urlaub zurücklegen würden. Wir haben deshalb jeden Abend den Stand des Kilometerzählers oder besser gesagt des Meilenzählers notiert. Und es kam ganz schön was zusammen in den zweieinhalb Wochen. Ich werde für jeden Tag unserer Reise auch die gefahrene Strecke mit angeben, damit Sie sich ein Bild davon machen können, welche Etappen zu bewerkstelligen waren. Vielleicht wollen Sie unsere Route ja irgendwann teilweise oder sogar im Ganzen nachfahren.

Eine Erklärung vom Anfang des Kapitels bin ich Ihnen noch schuldig, nämlich wie man geographische Koordinaten aus einer in GoogleMaps angezeigten Karte ermittelt. Wenn Sie den Kartenausschnitt im Browser vor sich haben, vergrößern Sie ihn bitte so weit wie möglich und verschieben Sie ihn dabei so mit der Maus, dass der Punkt, dessen Koordinaten Sie wissen möchten, möglichst in der Mitte des Browserfensters liegt. Nun klicken Sie in die Adresszeile des Browsers, markieren die momentan angezeigte Adresse (die mit www.google.de beginnt), kopieren diese und fügen Sie anschließend in ein leeres Dokument (Word, Notepad oder dergleichen) ein, um sie besser lesen zu können. Sie sollten dann etwas sehen, was etwa so aussieht:

```
https://www.google.de/maps/place/Skye/@5
7.4128259,-6.1922818,21z/data=!…..
```

Suchen Sie hier einfach nach dem ersten Zeichen „@", hier nach „…/Skye/" zu finden. Die Koordinaten stehen direkt dahinter, und zwar zunächst der Breitengrad (57.4128259), dann ein Komma und schließlich der Längengrad (-6.1922818). Das Minus bedeutet hier, dass es sich um eine Längenangabe westlich von Greenwich handelt. Für Deutschland wäre die Zahl positiv, da sich Deutschland östlich von Greenwich befindet. Auf meiner Homepage (siehe weiter unten) biete ich unter *GPS-Navigation* auch eine kleine Anwendung zum Umrechnen von Koordinaten an. Dort können Sie ebenfalls die Koordinaten direkt aus der GoogleMaps-Adresse ermitteln lassen.

Weiter oben habe ich geschrieben, dass vier Nachkommastellen einen Ort hinreichend genau angeben. Sie können also die beiden Zahlen entsprechend runden und erhalten 57.4128 für den Breitengrad und -6.1923 für den Längengrad. Jetzt müssen Sie nur noch ein „N" vor den Breitengrad stellen und das Minuszeichen durch ein „W" ersetzen. Heraus kommt: **N57.4128 W6.1923**

Diese Angabe können Sie nun zum Beispiel in Ihr Navigationssystem eingeben, oder auch einfach in GoogleMaps danach suchen. Sie sollten dann, um bei dem Beispiel zu bleiben, den Coop-Supermarkt in Portree auf Skye finden.

Noch einfacher geht es übrigens mit der vorhin schon erwähnten Anwendung GoogleEarth für PC oder Mac. Hier müssen Sie nur mit der Maus auf den gewünschten Punkt zeigen und die Koordinaten direkt am unteren Rand des Fensters ablesen. Gegebenenfalls müssen Sie zuvor noch das Koordinatenformat unter: Tools / Optionen / 3D-Ansicht / Breite/Länge anzeigen auf „Dezimalgrad" einstellen.

Und nun noch ein letzter Hinweis, bevor es endlich losgeht mit dem Abenteuer Schottland: Was wäre ein Reisetagebuch ohne Bilder? Nur halb so schön! Einige wenige Bilder finden Sie direkt im Buch, für den größeren Teil sollten Sie meine Homepage im Internet aufrufen. Diese finden Sie unter der Adresse:

www.zwanziger.de

Klicken Sie dann im Menü oben einfach auf *Schottland*. Das links erscheinende Untermenü ist ähnlich aufgebaut wie dieses Buch, d.h. es beginnt mit einem Vorwort, dann folgt eine Seite für jeden Tag der Reise, auf der ich auch die jeweiligen Bilder abgelegt habe. Die Links zu den Themen jedes Tages finden Sie am Ende jeder Seite, genauso wie die Koordinaten.

Die Koordinaten sind anklickbar, woraufhin sich eine neue Seite mit einer GoogleMaps-Karte öffnet und den entsprechenden Ort mit einem Marker anzeigt.

An einer anderen Stelle auf der Homepage habe ich ein paar Informationen zu Koordinaten und Navigation zusammengestellt. Hier finden Sie auch einige Hilfsmittel zur Koordinatenumrechnung und zur Anzeige in GoogleMaps.

Tag 1

Dienstag, 30. August 2016. Gefahrene Strecke: 81 km.

Tagesprogramm:

- Anreise von Nürnberg über Paris CDG nach Aberdeen-Dyce

- Übernahme Mietwagen

- Fahrt zur ersten Unterkunft, dem Creelwell Farmhouse

- Abendessen in Turriff

Eigentlich ist es ja Tag Null, denn viel Urlaub war es heute nicht – der Tag gehörte der Anreise. Aber klassischerweise beginne ich die Zählung bei 1.

Unser Flug startete in Nürnberg zu einer angenehmen Zeit, nämlich um 10:15 Uhr. Gegen neun Uhr waren wir am Flughafen, gaben in Ruhe die Koffer auf und tranken auf der Aussichtsplattform noch einen Kaffee. Pünktlich hob der Flieger ab und um 12:00 landeten wir in Paris CDG, dem Zwischenflughafen. Dort legten wir erst einmal eine längere Strecke mit dem Bus zurück, der dabei aber nicht einfach zum Terminal fuhr. Je nachdem wohin die Fluggäste im Anschluss wollten, hielt er an vielen verschiedenen Umstiegsterminals, wie ein Linienbus an normalen Haltestellen. Nur dass hier lediglich Reisende aus- und keine neuen einstiegen. Nicht umsonst ist der Flughafen Paris CDG mit einer Fläche von 3.500 Hektar der zweitgrößte Passagierflughafen Europas.

Das Transferterminal ist architektonisch interessant, ansonsten weitgehend öde. Ein paar Läden mit überteuertem Alkohol, Parfüm und Schuhen. Ich frage mich immer, wer in solchen Läden tatsächlich einkauft.

Das Mineralwasser für €2,50 aus der Plastikflasche (im Discounter: 11 Cent) ließen wir stehen, einen Kaffee gönnten wir uns. Dieser war von der italienischen Firma Illy und entsprechend gut. Mit Ausruhen in den bereitgestellten Liegestühlen an beiden Enden des langen Terminals und der Beobachtung von anderen Reisenden (die meisten schliefen, andere nutzten den Gratis-Strom, um alle verfügbaren Kommunikationsgeräte aufzuladen) gingen auch die knapp drei Stunden Wartezeit vorüber. Um 14:50 war Boarding für den Anschlussflug, welcher pünktlich um 15:25 abhob.

Um 16:20, landeten wir in Aberdeen. Knapp eine Stunde für fast 1.000 Kilometer? Nein, natürlich nicht. Großbritannien liegt in einer anderen Zeitzone – GMT (Greenwich Mean Time), damit ist es dort eine Stunde früher als in Deutschland. Oder genauer gesagt, da GMT auch als Weltzeit bekannt ist, ist es in Deutschland und weiten Teilen Mitteleuropas eine Stunde später als Weltzeit. In Kurzschreibweise: GMT+1.

Also bezieht sich 16:20 Uhr auf Ortszeit, in Deutschland war es nun schon 17:20 Uhr. Tatsächlich passt das in unserem Fall ganz gut, denn Schottland liegt etwa 15 Längengrade weiter westlich als Mittelfranken, was rein rechnerisch eine Stunde Zeitverschiebung ausmacht[2].

Der Flughafen Aberdeen-Dyce ist klein und schnuckelig, fast so wie in Nürnberg, nur mit weniger Men-

---

2   Die geographischen Längengrade werden von 180° westlich bis 180° östlich von Greenwich gezählt, insgesamt also 360°. Teilt man diese 360° durch die 24 Stunden eines Tages, so kommt man auf 15° pro Stunde.

schen. Alles ist übersichtlich angeordnet und die Koffer wurden vergleichsweise schnell ausgepackt. Auch zur Leihwagenfirma war es nur ein kleiner Spaziergang von vielleicht zehn Minuten. Als wir weitere zehn Minuten vor einer kleinen, unbesetzten Hütte mit der Aufschrift „Hertz" gewartet hatten, habe ich nebenan nachgefragt, ob denn da mal jemand käme... nein, nur wenn das Gebäude vorn nicht besetzt sei. Aha – also vor ins Hauptgebäude, welches von außen so aussah, als würde sich kein einziger Mensch darin befinden. Keinerlei Beleuchtung und Türen und Fenster fest verschlossen. Aber die Tür ging tatsächlich auf und der Schalter war besetzt. Jana wartete derweil an der nicht besetzten Holzbude und bewachte unser Gepäck.

Nach dem Anschreiben der Vermittler-Firma, die uns den Mietwagen reserviert hatte, war es enorm wichtig, den als PDF zugesandten Leihwagen-Voucher dabei zu haben. Ohne diesen, so hatte ich den Eindruck, würde man hier nicht einmal mit uns reden, geschweige denn uns ein Auto überlassen. Mit deutscher Gründlichkeit und Sorgfalt hatte ich diesen deshalb gleich zweimal ausgedruckt, falls ich einen verlieren sollte. Einen hatte ich in unseren Reiseunterlagen im Handgepäck, der Reserve-Voucher war im Koffer. (Und: Nein, er wäre nicht ganz unten gewesen, sondern in einem extra Fach im Deckel!)

Der Bereich von Hertz war angenehm leer, um nicht zu sagen: ich war der einzige Kunde. Alan, so der

Name auf dem Namensschild des Mannes auf der anderen Seite des Counters, hielt ich stolz den Voucher entgegen und musterte ihn. Mit dem Alan aus „Two and a Half Men" hatte er nichts gemeinsam, außer dem Vornamen.

„Oh no, I don't need that", begrüßte er mich. Stattdessen wollte er Führerschein, Personalausweis und, am wichtigsten, meine Kreditkarte haben. Die Formalitäten waren rasch erledigt und am Ende erklärte Alan noch anhand eines Lineals und einer vorgedruckten Tafel: „Anything greater than that is a bump, and anything greater than that is a scratch", wobei er mit dem Finger auf die einzelnen Teilbilder der gedruckten Tafel deutete. Beulen und Kratzer – einfach erklärt.

Die obligatorischen Fragen nach einer zusätzlichen Versicherung für das Fahrzeug verneinte ich brav, wie es ebenfalls in der E-Mail des Vermittlers beschrieben war. Vollkasko mit dem Rundum-Sorglos-Paket war bestellt und bezahlt. Der Mietwagen war damit gegen alle Widrigkeiten einer Urlaubsreise versichert, wahrscheinlich einschließlich Kometeneinschlag, Entführung durch Außerirdische und plötzlicher Kontinentalverschiebung. Alan war trotz meiner Ablehnung seines Versicherungsangebots zufrieden. „Wait outside the building, please. I'll get the car for you."

Wir gingen beide nach draußen. Dann lief Alan los den Wagen zu holen. Es war ein Opel Corsa, der hier zwar auch Corsa heißt, mit Nachnamen aber Vauxhall – wie alle Opels auf der Insel. Ansonsten alles wie beim Corsa, mit der Ausnahme, dass das Lenkrad natürlich auf der rechten Seite war.

Gegen Unterschrift auf einem Formular gab mir Alan den Schlüssel, wünschte eine gute Fahrt und einen schönen Urlaub und verschwand wieder in dem Gebäude. Zurück blieben wir, den Kofferraum bereits geöffnet. Die nächste Handlung bestand in dem Versuch, die beiden Koffer ins Innere des Kofferraums zu verfrachten. Dies gelang erstaunlich gut, wenn auch die Hutablage nach Schließen der Kofferraumklappe leicht in der Luft hing. Der dritte Koffer, ein kleiner Reise-Trolley, der aufgrund seiner Größe gerade noch so als Handgepäck durchging, landete auf der Rückbank, zusammen mit Janas Kameratasche und meinem etwas größeren Kamera-Rucksack. Damit war das Auto voll.

Es soll Familien geben, die mit so einem Auto zu viert einen mehrwöchigen Urlaub verbringen. Uns war schleierhaft wo man dabei das ganze Gepäck verstauen sollte. Aber das sollte ja unser Problem nicht sein. Schön an dem Auto war, dass es vier Türen hatte. Das erleichterte das so oft stattfindende Herausholen und Verstauen der Kameras in diesem Urlaub kolossal. Sie bekamen ihre festen Plätze auf der Rückbank.

Der kleine Handgepäck-Trolley hatte sich übrigens noch an anderer Stelle als sehr nützlich erwiesen. Als wir nämlich das erste Mal beide Koffer vom Auto in unser B&B-Zimmer hinein und zwei Tage später wieder heraus geschleppt hatten, füllten wir den Trolley immer direkt im Auto mit den Kleidungsstücken, die wir in den nächsten zwei Tagen vermutlich brauchen würden. So mussten wir lediglich den kleinen Koffer vom Auto ins Zimmer und wieder zurück tragen, was sich als wesentlich angenehmer herausstellte als die beiden großen Koffer. Diese hatten wir dann zwar immer dabei, aber das störte uns eigentlich nicht. Im Gegenteil, so hatten wir auch unterwegs für den Notfall immer Zugriff auf eine große Auswahl an Kleidung.

Wir setzten uns ins Auto und waren erleichtert, dass wir die ersten Etappen der Reise ohne Zwischenfälle hinter uns gebracht hatten: beide Flüge waren pünktlich, trotz Zwischenlandung in Paris waren alle Gepäckstücke in Aberdeen angekommen und den Mietwagen hatten wir ebenfalls. Nun holte ich erst einmal das mitgebrachte Navigationsgerät aus dem Fotorucksack, brachte es mit dem Saugnapf an der Frontscheibe an und schaltete es ein. Es dauerte eine ganze Weile bis es nach der langen Strecke wieder einen Satelliten-Fix hatte, dann funktionierte es aber in der gewohnten Weise.

Navigationsgeräte kann man auch zusammen mit dem Fahrzeug mieten – für ca. £10 Aufpreis am Tag. Bei 19 Tagen Mietdauer würde das also so etwa den Preis ausmachen, den man in Deutschland für zwei einfache oder ein besseres, neues Navi im Laden auf den Tisch legt. So lautet auch die Empfehlung aller Quellen, die ich dazu gelesen hatte, ein eigenes Navi mit auf die Insel zu bringen. Ein weiterer Vorteil des mitgebrachten Navis liegt natürlich auch darin, dass man wichtige Punkte, die man in jedem Fall anfahren will, vorab schon einmal zu Hause einspeichern kann. So spart man sich dann im Auto das Herumgetippe auf dem kleinen Display[3].

„In zweihundert Metern in den Kreisverkehr einfahren, dann erste Ausfahrt links nehmen", krächzte die Blech-Steffi aus dem Navi, nachdem ich ihr unser erstes Ziel mitgeteilt hatte. Okay, erst einmal orientieren. Zündschloss rechts vom Lenkrad – wie daheim. Kupplung links, Gas rechts – wie daheim. Schaltknauf links – nicht wie daheim! Hoffentlich fährt das Auto nach links, wenn man das Lenkrad nach links dreht. Ja, das tat es, aber man weiß ja nie...

An das Schalten mit der linken Hand und das Fahren auf der linken Seite gewöhnt man sich übrigens recht schnell. Noch als Schüler war ich damals, kurz nach Erwerb des Führerscheins und des ersten Autos, mit einem Schulfreund in Südengland. Auch damals ging das links Fahren schon ganz gut, einschließlich einer Durchquerung von London (was damals noch gratis

---

3   Viele Navigationsgeräte lassen sich über eine USB-Schnittstelle mit dem PC verbinden. Von dort aus kann man sie mit entsprechenden, gratis erhältlichen Programmen sehr bequem mit den notwendigen Wegpunkten befüllen.

möglich war). Als junger Mensch nimmt man vieles Lockerer als im Alter.

An das Abschätzen der Breite des Fahrzeugs zur nun anderen Seite als der üblichen gewöhnt man sich leider nicht so schnell. Freunde aus Deutschland, die nach Australien ausgewandert waren, berichteten uns, dass sie etwa ein Jahr gebraucht hatten, bis sie sich vollends an den Linksverkehr gewöhnt hatten. Ganz blöd kam ich mir deswegen in meiner Haut nicht mehr vor.

Los ging die Fahrt. Erster Gang, zweiter Gang. Okay, es war ähnlich wie daheim. Jetzt nur keinen Fehler machen. Da war er, mein erster Kreisverkehr. Ein kleiner zwar nur, aber immerhin. Gucken, einfahren (und zwar links herum), links blinken, ausfahren. Geschafft! Das ging ja ganz gut. Doch Steffi ließ mich meinen Triumph nicht lange genießen. „In 150 Metern links abbiegen!" befahl sie mir schon bald.

Diesmal war es kein Kreisverkehr, sondern eine normale Kreuzung. Wir mussten links auf eine breitere Straße abbiegen und hatten dementsprechend ein Dreieck, also Vorfahrt zu gewähren. Alles wie daheim, nur anders herum. Blinker links und dann nach rechts schauen ob frei ist. Rechts war frei. Erster Gang und langsam um die Kurve.

Nach etwa einem halben Meter Fahrt unterbrach ein Schrei vom Beifahrersitz die Ruhe. „DER BREMST

NICHT!!" Den Vauxhall durch eine Vollbremsung zum Stehen zu bringen und der Blick nach rechts waren eins. Jana zeigte mit gestrecktem Arm auf ein sich von links näherndes Fahrzeug, welches aber aufgrund des Linksverkehrs unsere Fahrbahn gar nicht erreicht hätte. Wir einigten uns dann darauf, das Einbringen wohlgemeinter Bremswünsche und Verbesserungsvorschläge an meiner Fahrweise auf ein Minimum zu beschränken und setzten die Fahrt fort.

In einer Ortschaft auf dem Weg hielten wir an einem kleinen Geschäft an, um uns mit Mineralwasser und ein paar anderen Dingen erstzuversorgen. Nachdem der Verkäufer sich erkundigt hatte woher wir denn kämen, schenkte er uns einen Euro, den ihm wohl ein Kunde angedreht hatte – er konnte damit natürlich im eigenen Land wenig anfangen. Bei einem kurzen Plausch erfuhren wir, dass gerade sechs Wochen Schulferien waren, darunter aber nur zwei Sonnentage. Und das wir jetzt wohl Glück hätten mit dem Wetter. Über das Wetter wird in ganz Britannien sehr gern geredet, aber mit seiner Aussage, dass wir Glück mit dem Wetter hätten, sollte er tatsächlich Recht behalten. Weiter ging es auf der A96 Richtung Westen.

Die Straßen Großbritanniens

Abgesehen von den Regionen um Glasgow und Edinburgh gibt es in Schottland nirgendwo Autobahnen, zumindest nicht nördlich dieser Städte. Autobahnen werden mit einem M, gefolgt von einer Zahl gekennzeichnet, zum Beispiel verbindet die M8 die beiden Städte

Glasgow und Edinburgh. Das M steht hierbei für „Motorway".

Alle übrigen Überlandstraßen sind mit einem A oder B, gefolgt von einer Nummer bezeichnet. Die A-Straßen sind dabei in der Regel breiter als die B-Straßen. Sie sind die Hauptverbindungswege zwischen größeren Ortschaften, während die B-Straßen eher Nebenstrecken darstellen. Weiterhin gilt: je länger die Nummer hinter A oder B, also je mehr Stellen diese hat, desto kleiner ist die Straße.

Eine weitere Spezialität sind die sogenannten „single track roads", die Straßen mit nur einer Fahrbahn. Sie gibt es vorwiegend in den dünn besiedelten Gebieten Schottlands, also genau dort wo uns unsere Reise hinführen würde. Ich werde später noch davon berichten.

Gegen 18 Uhr erreichten wir das Creelwell Farmhouse, unsere gebuchte Unterkunft für die ersten zwei Nächte. Frances, die Frau des Besitzerehepaars, begrüßte uns. Sie zeigte uns unser Zimmer und empfahl, sofort zum Essen zu fahren, da in der Region die Restaurants früh schließen. Die nächstgelegene, größere Ansiedlung hieß Turriff und war etwa sieben Meilen entfernt. Als wir ausgepackt hatten, wieder losfuhren und schließlich dort ankamen, war es 19 Uhr.

So schlenderten wir ein wenig durch die Kleinstadt und blieben vor einem Haus stehen, welches offensichtlich ein Restaurant beherbergte. Ein wenig suchten wir den nicht gleich sichtbaren Eingang, schon machte sich die sprichwörtliche Hilfsbereitschaft der Schotten wieder bemerkbar. Ein älterer Herr löste sich aus seiner gerade geführten Unterhaltung und fragte, ob wir hier essen wollten. Als wir dies bejahten führte er uns in das Haus, zeigte uns den etwas umständlichen Weg zum eigentlichen Restaurant und verabschiedete sich dann. Das Ganze auf eine Art, dass man denken konnte, ihm gehöre das Restaurant und er sei auf der Suche nach Kundschaft.

Unser erstes Gespräch mit einer Kellnerin zeigte leider, dass wir hier nicht bleiben konnten. Offensichtlich war der Saal, in dem schon einige Gäste beim Essen saßen, nur für die Gäste des Hotels vorgesehen und so verließen wir das Haus wieder.

Der Mann stand mittlerweile wieder mit seinen Bekannten vor dem Haus. Als er uns erneut erblickte, fragte er sofort, ob es nichts mehr zu Essen gegeben hätte oder ob uns das Restaurant nicht gefallen hätte. Kurz darauf führte er uns über die Straße und vielleicht 50 Meter in die nächste Straße hinein und deutete mit dem Finger in eine Richtung. „Over there, the Fife Arms Hotel has a good restaurant. The entrance to the hotel is on the front, you'll have to take the side entrance to the restaurant."

Das Fife Arms[12] war vielleicht 300 Meter weiter entfernt. Dort angekommen musterten wir das Haus, welches seinen Eingang tatsächlich nicht zur Straße, sondern an der Seite hatte. Sogleich wurden wir von einer Frau angesprochen, die auf der gegenüberliegenden Seite die Straße vor ihrem Haus den Fußweg fegte.

„The entrance to the restaurant is on the side. It should be open right now. If not or if you don't like what they offer, you could also go to...". Dann nannte sie noch zwei weitere Restaurants, die ich mir aber nicht gemerkt habe, denn das Fife Arms war durchaus ansprechend. Aber soviel Aufmerksamkeit wie wir hier an einem Abend gleich von zwei verschiedenen Personen erfahren hatten, sucht man in Deutschland vergebens.

Info: Britische Restaurants

Eine Besonderheit der Insel erfährt man, wenn man das erste Mal ein Restaurant betritt. Wer auf die Frage „did you make a reservation?" nicht mit „yes" antworten kann, wird zunächst in die Lounge geführt. Gibt es eine solche nicht, tut es natürlich auch die Bar des Hauses. Dort darf man dann etwas zu Trinken bestellen und bekommt auch schon mal die Speisekarte. Später wird man dann an den eigentlichen Tisch geführt, wohin man sein bestelltes und hoffentlich bereits erhaltenes Getränk mitnehmen kann. Bezahlt wird am Ende entweder an einer separaten Kasse, oder wieder an der Bar, nie aber am Tisch wie in Deutschland.

Die zweite Besonderheit ist, dass es Fisch fast nur in frittierter Form gibt, zumindest in Schottland. Was sehr schade ist, denn es gibt wesentlich elegantere Formen, Fisch zuzubereiten als ihn zu panieren und dann in die Fritteuse zu werfen. Besonders schade ist das hier, wo der frische Fisch ja direkt vor der Haustür schwimmt.

Und auf noch eine dritte Besonderheit sollte man hinweisen: in den Restaurants die wir besuchten, kam der Salat fast immer ohne Dressing, ähnlich wie in Italien. Dummerweise steht auf dem Tisch dann nur Essig (und natürlich Pfeffer und Salz), aber kein Öl. Auf Nachfrage bekommt man es aber an den Tisch gebracht.

Gegessen haben wir im Fife Arms sehr leckere Burger mit richtigen Brötchen, nicht den labbrigen Weichsemmeln, die man sonst so kennt. Dazu gab es (hier sogar angemachten!) Salat und Chips (also Pommes Frites) aus Süßkartoffeln, eine sehr interessante und wohlschmeckende Variante. Dazu hatten wir je ein süffiges Ale aus lokalen Brauereien. In meinem Fall war es ein „MacBeth Scottish Pale Ale" aus der Deeside Brewery[13]. Was Jana hatte weiß ich leider nicht mehr – wir haben schlicht vergessen, die Flasche zu fotografieren. Es war aber ebenfalls lecker.

Nach dem Essen ging es zurück ins B&B. Unser „Programm" sollte am Tag darauf beginnen und wir waren müde von der Reise.

Koordinaten:

N57.5394 W2.4610   Fife Arms Hotel & Restaurant, Turriff

Tag 2

Mittwoch, 31. August 2016. 118 km gefahren.

Tagesprogramm:

- Creelwell Farmhouse and Garden

- Glendronach

- Gardenstown and Crovie

- Cullykhan-Bay und Pennan

- Portsoy

Der Tag begann völlig anders als man ihn in Schottland erwartet hätte, nämlich mit Sonne und einem strahlend blauen Himmel. Aber bevor wir das Wetter im Freien genießen konnten, stand erst einmal das Frühstück auf dem Programm.

Es gab, wir mussten uns ja langsam an das deftige Frühstück auf der Insel gewöhnen, was wir am Abend zuvor bestellt hatten: Eier, Toast, Müsli mit frischem Obst, Kaffee, Tee, Butter, marmalade und jam. Wer den Unterschied nicht kennt: unter „marmalade" versteht man in ganz Britannien fast nur Orangenmarmelade, manchmal auch noch welche aus Zitronen oder anderen Zitrusfrüchten. Alles andere heißt „jam".

Danach galt es erst einmal, den wunderschönen Garten zu begutachten, den Frances wirklich mit sehr viel Liebe und Hingabe hegt und pflegt. Die Aussicht war ein Traum: tiefblauer Himmel über einer saftig grünen Wiese voller Schafe auf einem kleinen Hügel hinter dem Haus. Zur anderen Seite Kornfelder mit reifen Ähren es war ja angehender Herbst. Dahinter wieder saftige Wiesen mit noch mehr Schafen darauf. Schnell waren die ersten ca. 50 Fotos gemacht. Dann fuhren wir gegen 10:30 Uhr los, denn um 11:00 Uhr hatte ich per E-Mail einen Termin bei Glendronach[14] zur Besichtigung der Brennerei vereinbart.

Obwohl Glendronach mittlerweile zu Benriach gehört und diese wiederum zu einem US-Amerikanischen Großunternehmen, geht es bei Glendronach noch sehr familiär und ländlich zu. Die ganze Brennerei ist wie ein kleines Dörflein gestaltet, in der Mitte fließt ein kleiner Bach hindurch und alle Gebäude sind irgendwie schick und schmuck. Natürlich gibt es ein Visitor Centre, in dem die Besucher empfangen werden. Um die Wartezeit bis zum Beginn der Führung zu überbrücken kann man sich hier über die Geschichte der Brennerei informieren, oder sich ein paar seltene Flaschen ansehen, die hier befüllt wurden.

Glendronach-Brennerei mit dem Visitor Centre

An einer Stelle ist „The Distillery Manager's Cask" aufgestellt, dessen Zapfhahn werbewirksam mit einem Vorhängeschloss versperrt ist. Um hiervon zu kosten muss man etwas tiefer in die Tasche greifen und die „Premium Tasting Tour" (für £20) oder „The Connoisseurs' Experience" (die „Erfahrung des Kenners" für £35) buchen. Wir hatten die Brot-und-Butter-Variante für £5 – sie nennt sich „The Glendronach Discovery Tour" und ist zum Kennenlernen des gesamten Prozesses von den Rohstoffen bis hin zum fertigen Produkt völlig ausreichend.

Die Wartezeit auf den Beginn einer Führung kann man sich, außer im Visitor-Centre, auch damit vertreiben, auf eigene Faust das Gelände zu erkunden und sich dabei die hübschen Gebäude und den Garten anzusehen. Bei dem schönen Wetter machte dies natürlich besonders viel Spaß. Auf dem gesamten Gelände und sogar während der Führung darf man fotografieren, ein Umstand, der leider in vielen anderen Brennereien verboten ist, wie wir noch erfahren sollten. Besonders dort wo die Brennblasen stehen herrscht bei vielen Brennereien striktes Fotografierverbot. Angeblich wegen Explosionsgefahr aufgrund der Alkoholdämpfe. Komisch nur, dass die Alkoholdämpfe bei Glendronach dann scheinbar nicht brennbar sind.

Die Geschichte der Brennerei

Die Geschichte Glendronachs wird anhand von Bildern mit entsprechenden Texten im Visitor-Centre auf einem Zeitstrahl dargestellt:

1771: Baujahr des Glen House, damals noch Boynesmill genannt. Es wurde 1826, als die Destille öffnete, von James Allardice in „Glen House" umbenannt.

1826 gründete der extrovertierte James Allardice die Destille und erwarb die entsprechende Lizenz, als eine der ersten Brennlizenzen in ganz Schottland. Der Name Glendronach ist eine Erfindung von James Allardice. Er wurde abgeleitet von dem kleinen Bach Dronac der durch das Gelände der Brennerei fließt.

1830 kaufte Walter Scott (nicht der Nationaldichter) die Destille, nachdem sie zuvor durch ein Feuer zerstört worden war, und baute sie wieder auf. Im Jahr 1860 war Glendronach die größte Brennerei in den Highlands. Ganze 50 Menschen lebten auf dem Gelände und arbeiteten für sie.

1920 erwarb Captain Charles Grant die Destille mit dem gesamten Gelände für den Preis von nur £9.000. Charles war der Sohn des Gründers von Glenfiddich. Er begann bereits im Alter von 14 Jahren in der Brennerei seines Vaters zu arbeiten und war so einer von wenigen Besitzern, die sich in dem Herstellungsprozess gut auskannten.

1960 wechselte die Destille erneut den Besitzer, diesmal ging sie an William Teacher's and Sons. Durch diese wurde die Brennerei ausgebaut und die Anzahl der Brennblasen von zwei auf vier erhöht.

1966 wurde ein neues Brennhaus gebaut. Bis in die späten 1970er Jahre hatte die Destille eine eigene Böttcherei auf dem Gelände, in der die Fässer hergestellt wurden, in denen der Whisky lagert und reift.

1996 wurde die Destille für 6 Jahre stillgelegt, 2002 war die Wiedereröffnung. Gemälzt wurde seit diesem Jahr nicht mehr vor Ort. 2005 wurde die Beheizung der Brennblasen von Kohle auf Dampf umgestellt. Glendronach war eine der letzten Destillen, die ihre Kessel mit Kohle heizten. Diese Technik musste aber aufgrund eines EU-Abgasgesetzes aufgegeben werden.

2008 wurde die Destille von der Benriach Distillery Company Ltd. gekauft. Diese wiederum gehört zur Brown-Forman Corporation, einem weltweit führenden Hersteller von alkoholischen Getränken (z.B. Jack Daniel's) und Gebrauchsgütern mit Sitz in Kentucky. Dies dürfte auch der Grund dafür sein, dass auf dem Gelände von Glendronach neben der schottischen Flagge auch die Stars And Stripes weht.

Die Tour selber war auch recht angenehm. Wir waren eine Gruppe von vielleicht zehn Personen, die von einer Dame geführt wurde, die die Hauptaufgabe auf der Führung hatte: sie durfte den Besuchern den Herstellungsprozess erklären. Begleitet wurden wir außerdem von einem Herrn im schottischen Kilt, der allerdings mehr den passiven Part hatte, aber gern bereit stand um Fragen zu beantworten.

Los ging es in einem kleinen Innenhof, in dem ein alter Pferdeanhänger der Brennerei stand. Mit diesem wurden früher die Fässer durch das schottische Hochland gefahren, bevor es Lastwagen gab. Danach betraten wir einen Raum, der wie eine Art kleines Museum eingerichtet war. Hier konnte man sehen wie früher die Kessel mit Kohlefeuer geschürt wurden. Ein originaler Kohleofen ist ebenfalls noch vorhanden, der aber nun nicht mehr genutzt wird. Danach zeigte man uns die alte Malzmühle, die trotz ihres hohen Alters immer noch funktioniert. Das in verschiedenen Mahlgraden behandelte Getreide kann man ebenfalls begutachten.

Dieses geschrotete Getreide wird an der nächste Station in den Maischebottich (mash tun) gefüllt, das ist ein großer Kupferkessel mit elektrischem Rührwerk. Hier wird das Getreide mit Wasser vermengt und unter Rühren erhitzt. Dadurch wird die im Getreide vorhandene Stärke in Malzzucker umgewandelt. Ist dies geschehen wird die Flüssigkeit durch Löcher im Boden der mash tun über ein Rohrsystem in den nächsten Raum weitergeleitet. Hier stehen große Gärbottiche (wash backs) aus Holz. Ist die Flüssigkeit weit genug abgekühlt, wird Hefe zugesetzt und die Gärung setzt ein. Dieser Vorgang dauert einige Tage, danach hat die Flüssigkeit (das sogenannte Bier – tatsächlich ähnelt der Herstellungsprozess bis zu diesem Punkt auffallend stark dem der Bierherstellung) einen Alkoholgehalt von sechs bis acht Prozent.

Nun folgt die eigentliche Destillation in sogenannten wash stills und spirit stills, wie die Destillationsblasen genannt werden. Wie oft und mit welcher Blasenform gebrannt wird, ist je nach Hersteller verschieden und hat Einfluss auf den Geschmack des Getränks. Üblich ist aber meistens ein Brennvorgang in der wash still und ein weiterer in der spirit still. Der wasserklare Rohbrand, der seine goldgelbe Farbe erst später durch die Lagerung in Holzfässern erhält, landet schließlich im spirit safe, einem verschlossenen und verplombten Schrank mit Glasfenstern und einer Einrichtung, mit der der Brennmeister den Vor- und Nachlauf des Destillats abtrennen kann. Der sogenannte Mittelbrand (middle cut) fließt dann in den spirit receiver, in dem seine Menge erfasst wird, denn irgendwann muss der Whisky ja versteuert werden.

Danach kommt der Rohbrand in Fässer und wird in den firmeneigenen Lagerhäusern (warehouses) mindestens drei Jahre, in der Regel aber viel länger gelagert. Die verwendeten Fässer haben einen großen Einfluss auf den späteren Geschmack des Whiskys. Je nachdem was sich vorher in dem Fass befand (Bourbon-Whisky, Sherry, Rotwein, Rum u.s.w.) und aus welcher Holzart das Fass hergestellt wurde, nimmt der Whisky mehr oder weniger Geschmack aus dem Holz an, was letztendlich dann seinen Charakter ausmacht. Dabei ist natürlich auch entscheidend, wie lange er in welchem Fass lagert und wie lange das Fass vorher bereits verwendet wurde.

Blick in eines der Lagerhäuser, auf Englisch: Warehouses

An dieser Stelle zwei Daten zum Whiskyexport: Schottischer Whisky macht etwa ein Viertel aller britischen Nahrungsmittelexporte aus. Pro Sekunde werden rein rechnerisch 40 Flaschen davon exportiert, rund um die Uhr, 365 Tage im Jahr. Whisky ist demzufolge ein sehr bedeutender Wirtschaftsfaktor im vereinigten Königreich.

Zur Verkostung gab es am Ende dieser Tour die Standard-Abfüllung, einen 12-jährigen Whiskys mit 43% Stärke, der seine Reife in spanischen Pedro Ximenez- und Oloroso-Sherryfässern erfahren durfte, was ihn zu einem für mich sehr wohlschmeckenden, fast schon süßen Whisky macht. Wir haben es aber vorgezogen, den Whisky in kleinen Probefläschchen abgefüllt mitzunehmen und ihn dann am Abend genossen, denn Mittags schon Whisky zu trinken ist nicht so ganz unsere Sache.

Nach Beendigung unserer Tour fuhren wir weiter in das Städtchen Gardenstown. Es befindet sich an der Nordküste der Verwaltungsregion Aberdeenshire. Man steuert es von Süden an (klar, im Norden ist ja das Meer) und kommt hier zunächst durch ein recht stattliches und gepflegtes Wohnviertel mit großen, villenartigen Häusern. Dann führt eine Straße zur Küste hinunter. Hier, in Nähe des Hafens, kann man parken und das Dorf zu Fuß erkunden.

Wie überall in Britannien hat man auch hier Spaß daran, seine Haustür in einer individuellen Farbe zu streichen. Die Hauptsache dabei scheint zu sein, dass sie sich von der Türfarbe des Nachbarn unterscheidet. Selbes gilt dabei auch für die Farbe der Häuser selber, wenn auch der Unterschied hier nicht so extrem ist wie bei den Türen. Wir gingen vorbei am Gardenstown Heritage Centre[15], das ist eine Art kleines Museum, in dem man alles über die Geschichte des Dorfes und seiner Haupteinnahmequelle, dem Fischfang erfahren kann. Bald darauf erreichten wir den hübschen Hafen. Einige kleine Yachten liegen hier, daneben Fischerboote, ein paar Meter weiter weg vom Hafen stehen die typischen, kleinen Häuser dieser Region. Gegenüber ein Hügel mit nichts darauf außer der Ruine einer Kirche aus früheren Jahrhunderten[4], wie uns eine Dame unverhofft erklärte, die wohl anhand unserer Kameras schnell erkannte, dass wir Touristen waren. Schotten sind freundliche Menschen und sehr aufgeschlossen gegenüber Fremden, wie wir bereits erfahren hatten und auch noch öfter erfahren durften.

Gardenstown, Häuser und Hafen

Vom Hafen aus hat man außerdem einen herrlichen Blick auf das Nachbardorf Crovie, welches eigentlich nur aus einer einzigen Zeile von Häusern besteht, die wie Perlen auf einer Schnur aufgereiht wirken. Mehr passt hier einfach nicht hin – hinter den Häusern beginnt ein Berg, vor den Häusern ist das Meer. In Crovie selber waren wir nicht, wir haben es nur von Gar-

---

4   Es handelte sich um die Ruine der St John's Church, gegründet im Jahr 1004, im 17. Jahrhundert wieder aufgebaut und 1830 aufgegeben.

denstown aus gesehen. Man muss nämlich, um in das Dorf zu gelangen, das Auto oben am Berg stehen lassen und hinunter laufen. Das haben wir uns geschenkt, denn wir wollten noch weiter.

Crovie, von Gardenstown aus gesehen

Unser nächstes Ziel war das Highlight dieses Tages: die Cullykhan Bay[16]. Die Blech-Steffi im Navi hatte sich entschlossen, uns für die Anreise den abenteuerlichen Weg zu empfehlen – über einen ziemlich zugewucherten Forstweg. Keine Ahnung was sie heute gegen uns hatte. Vielleicht bin ich irgendwo mal anders abgebogen als von ihr vorgeschlagen und sie wollte sich dafür rächen? Nun ja, man muss anerkennen, dass die vorgeschlagene Route tatsächlich eine offizielle Straße war. Mit viel Daumendrücken und merkwürdigen Geräuschen vom Unterboden kamen wir tatsächlich durch und erreichten einen Parkplatz. Auf diesem stand nur ein einziges Auto, was für uns ein Zeichen dafür war, dass diese Bucht scheinbar immer noch ein Geheimtipp ist. Das Auto hatte übrigens ein deutsches Kennzeichen, mit der Fahrerin unterhielten wir uns später noch kurz.

Die sandige Bucht liegt zwischen zwei grün bewachsenen Landzungen. Man kann hier zum Wasser hinunter laufen und einfach nur den Ort genießen. Auf der westlichen der beiden Landzungen stand früher einmal ein Fort. Geht man in Strandnähe entlang dieser Landzunge Richtung Norden, so trifft man an einer Stelle auf eine Höhle. Bei Niedrigwasser kann man durch diese Höhle bis zum anderen Ende und auf diese Weise die Landzunge unterirdisch durchlaufen. Ein sagenhaftes Erlebnis, wenn man aus dem etwas engen Gang in die fast einem Dom gleichende, riesige Höhle tritt, in deren „Dach" sich diverse Seevögel wettersichere Nester gebaut haben und über einem in die Höhle ein- und ausfliegen, während man selbst auf das weite Meer blickt.

Zurück durch die Höhle und weiter entlang der Landzunge Richtung Norden sieht man plötzlich zur Rechten das Dorf Pennan von der Seeseite aus. Wer den Film „Local Hero"[17] gesehen hat, kennt das Dorf bereits, allerdings hieß es dort Ferness. Einer der Hauptdarsteller des Films lief darin mehrfach aus seiner Unterkunft auf die Straße, um aus einer Telefonzelle gegenüber zu telefonieren. Als der Film in die Kinos kam, fuhren anschließend etliche Fans in das Dorf, um ebenfalls von dieser Telefonzelle aus zu telefonieren oder sich zusammen mit ihr ablichten zu lassen. Dumm nur, dass die Zelle lediglich Filmkulisse war - in Wirklichkeit gab es an dieser Stelle gar kein Telefon. Nachdem aber immer mehr Fans kamen, hat man irgendwann beschlossen, an dieser Stelle tatsächlich eine Telefonzelle zu errichten - seitdem steht sie da. In Pennan selber waren wir nicht. Es besteht, wie schon vorhin bei Crovie, ebenfalls nur aus einer einzigen Häuserzeile, mit Bergen dahinter und Meer davor.

Den Abschluss machte heute das kleine Dorf Portsoy[18], welches, obwohl es wirklich klein ist, gleich zwei Häfen sein Eigen nennt. Der ältere der beiden geht zurück bis ins 17. Jahrhundert und ist der älteste Hafen in der gesamten Moray Firth, wie dieser Strandabschnitt heißt. Der neue Hafen wurde 1825 gebaut und ist deswegen auch nicht mehr wirklich neu. Von einem Hügel aus kann man tolle Fotos von der Küste, den beiden Häfen und dem Dorf an sich machen.

In Portsoy haben wir dann auch in einem kleinen Pub, dem „Shore Inn"[19] unmittelbar am Pier zu Abend gegessen. Danach fuhren wir zurück zum Creelwell Farmhouse, wo aber der Tag noch nicht zu Ende war. Wir saßen noch einige Zeit mit Frances und Sandy (was in Schottland kein Frauenname, sondern eine Abkürzung für Alexander ist) zusammen und ratschten, vorwiegend über Politik. Ich hatte es ja schon vermutet, aber hier wurde es mir dann bestätigt: In Deutschland wird uns ja gerne erzählt, dass die Engländer den Brexit wollten, die Schotten hingegen lieber in der EU bleiben würden. Hintergrund ist eine Jahrtausende alte Feindschaft zwischen Schottland und England, die zwar heute nicht mehr in Kriegen gipfelt, aber immerhin noch so weit ausgeprägt ist, dass man in Schottland eigene Geldscheine druckt, die mit den Geldscheinen von England, Wales und Nordirland nur den aufgedruckten Betrag gemeinsam haben. Britische Pfundnoten werden zwar angenommen (man bekommt auch in deutschen Banken nur solche), aber schottische Banknoten werden schon lieber gesehen. Und darauf beruht auch das Gerücht, dass die Schotten sich mehrheitlich zur EU hingezogen fühlen. Es ist einfach so, dass man eben genau das Gegenteil von dem will, was England will. Will England raus aus der EU, dann will Schottland drin bleiben. So einfach ist die Sache.

Die Reise- und Arbeitsfreiheit innerhalb der EU sieht man hier sehr kritisch. In den großen Städten Edinburgh und Glasgow mag die Stimmung natürlich anders sein, aber auf dem Land und vor allem an der Küste, wo wir uns vorwiegend bewegten, hat der Binnenmarkt viel von der Fischerromantik kaputt gemacht. Hier wurden die Gebiete vor den Küsten von den riesigen Fischerbooten der Großunternehmen leergefischt und die lokalen Fischer mit ihren kleinen Booten konnten irgendwann ihre Familien nicht mehr ernähren. Darüber hinaus sah man dann noch Arbeitskräfte aus Osteuropa, die für wenig Geld arbeiteten, oder einfach nur kamen, um sich in Britannien auf Kosten des Staates gratis operieren zu lassen, was das dortige, staatliche Gesundheitssystem NHS (National Health Service) vorsieht. Tatsächlich braucht man in ganz Großbritannien keine Krankenversicherung, auch für Touristen ist keine eigene Auslandsversicherung für den Krankheitsfall notwendig.

Nachdem wir nun neben unseren Proben von Glendronach auch noch einen Whisky vom Gastgeber probiert und ausreichend diskutiert hatten, gingen wir ins Bett. Am nächsten Tag sollte die Reise weitergehen, in die nächste Unterkunft in Richtung Nordwesten.

Koordinaten:

N57.4846	W2.6256	Glendronach
N57.6736	W2.3346	Gardenstown, Parkplatz am Strand
N57.6793	W2.3243	Crovie
N57.6842	W2.2771	Cullykhan Bay, Parkplatz
N57.6851	W2.2713	Aussichtspunkt auf Pennan in der Cullykhan Bay
N57.6789	W2.2595	Pennan (‚Ferness' im Film Local Hero)
N57.6855	W2.6918	Portsoy, Aussichtspunkt auf den Ort und die beiden Häfen

Tag 3

Donnerstag, 1. September 2016. 146 km gefahren.

Tagesprogramm:

- Huntly
- Huntly-Castle
- Strathisla
- Scottish Dolphin Centre
- The Old Kirk

Mit gepackten Koffern im Auto fuhren wir nach Huntly, einer Kleinstadt mit knapp 5.000 Einwohnern in der Nähe der Glendronach-Brennerei. Wir wollten dort vor allem die Burgruine Huntly Castle besichtigen.

Geparkt haben wir mitten im Ort – gebührenpflichtig, aber mit 60 Pence pro Stunde wirklich günstig. Witzig daran: man muss beim Kauf des Parktickets das Kennzeichen in den Ticketautomaten eintippen, welches dann auf das Ticket gedruckt wird. So will man wohl vermeiden, dass nicht abgelaufene Tickets weiterverkauft werden. Nun, das hatten wir nicht vor. Für die gelöhnten £1,50 hatten wir nun 2½ Stunden Zeit für die Besichtigung der Ruine, mussten aber erst einmal etwa einen Kilometer laufen, bis wir Huntly Castle erreichten.

Das Schloss liegt außerhalb der Stadt, hübsch eingebettet in Wälder und Wiesen. Ja, als Adliger hatte man früher wohl lieber seine Ruhe vor dem Normalbürger in den Städten. Außerhalb dieser und in den Mauern der eigenen Burg war man unter sich – abgesehen von der Heerschar an Personal, die einem das Leben erst angenehm machten.

Da das Wetter gut war, machte der kleine Spaziergang zum Schloss Spaß. Die letzten paar hundert Meter führten entlang einer herrlichen Allee mit altem Laubbaumbestand. Am Schloss angekommen mussten wir feststellen, dass es direkt davor einen Parkplatz für

Besucher gab, der noch dazu gratis gewesen wäre. Naja, Pech gehabt – war ja nicht so sehr teuer. Die nächsten zwei Stunden stiefelten wir also durch die Ruinen des Schlosses und der Anlage um das Schloss herum.

Die Geschichte von Huntly Castle

Die Geschichte des Schlosses geht zurück bis ins 12. Jahrhundert. Duncan, der zweite Graf von Fife, bekam das Grundstück um 1190 als Belohnung dafür, dass er William den I. im Kampf gegen MacWilliams von Moray unterstützte. Man vermutet, dass der Graf es war, der hier das erste Schloss erbaute. Damals trug es noch den Namen Peel of Strathbogie. Es war einst dafür gedacht, den Punkt zu überwachen, an dem sich die Flüsse Deveron und Bogie vereinen.

Im Jahr 1204 erbte Duncans dritter Sohn das Anwesen. Die „Fifes of Strathbogie" wurden später durch Heirat zu „Earls of Atholl". Im Jahr 1314 verloren sie aber das Land und ihre Titel, nachdem sie in der Schlacht von Bannockburn auf der Seite der Verlierer gekämpft hatten. Der siegreiche Robert the Bruce gab das Schloss einem seiner loyalen Unterstützer: Sir Adam Gordon of Huntly. Seitdem war es im Familienbesitz des Clan Gordon. Sie benannten es auch in Huntly Castle um.

Etwa 1445 wurde Alexander, zweiter Lord Gordon, zum Earl of Huntly ernannt. Die Gordons wurden stärker und stärker und der Nordosten Schottlands wurde sozusagen „Gordon-Land". Huntly Castle wurde zu einem der beeindruckendsten, spätmittelalterlichen Gebäude. Der vierte Earl, George Gordon, gestaltete das Schloss in den 1550er Jahren in großen Teilen neu.

Sein Enkel, der 6. Earl of Huntly, verschönerte das Schloss außen und innen aus Anlass seiner eigenen Ernennung zum Marquis of Huntly und der damit verbundenen Feierlichkeiten im Jahr 1599. Dabei brachte er ein großes, fünfteiliges Wappen an der Front über einem Eingang an, ließ doppelt so hohe Erkerfenster einbauen und den großen, runden Turm errichten. An der Dachlinie ließ er eine Inschrift anbringen, die das Schloss als das Eigentum der Gordons auswies.

Im Jahr 1650 endete die Herrschaft der Gordons über die Burg durch den Bürgerkrieg. Danach verfiel das Bauwerk, und bereits im frühen 18. Jahrhundert wurden Teile davon für den Bau von Wohnhäusern in Huntly verwendet. Seit den 1920er Jahren gehört die Burg aber wieder dem Clan Gordon, die Organisation „Historic Scotland" verwaltet und pflegt den ehemaligen Herrensitz.

Vom Backhaus, Brauhaus und auch den anderen Nebengebäuden stehen leider nur noch ein paar Grundmauern, die aber wenigstens die Dimensionen wiedergeben können, die die einzelnen Gebäude einst hatten. Und davon gab es hier reichlich, wie auf verschiedenen Infotafeln im Schloss und der angeschlossenen Anlage dargestellt ist. So gab es ein eigenes Backhaus mit dem dazugehörigen Bäcker sowie Hilfspersonal. Brot war damals die Hauptnahrungsquelle und somit war das Backhaus ein unentbehrlicher Bestandteil der Schlossanlage, wenn nicht sogar der wichtigste nach dem eigentlichen Schloss.

Brot bestand damals aus Gerste und Hafer. Die schönsten Brotlaibe waren natürlich für den Burgherrn und seine Familie reserviert. Die weniger schönen wurden in der Stadt verkauft und füllten so die Kasse. Die nicht für den Verkauf geeigneten Laibe wurden an die Angestellten verteilt. Außer Brot produzierte der Bäcker auch noch andere Backwaren wie Pasteten, Gebäck, Kuchen und Bannock, einem dickeren Fladenbrot.

Huntly Castle, im Vordergrund die Grundmauern der alten Nebengebäude

Ein weiteres, wichtiges Gebäude war das Brauhaus. Nicht nur weil es mit einem Nebenprodukt des Brauprozesses, der Hefe, die Bäckerei versorgte. Das zunächst nur als Ale bekannte Getränk wurde von jedem im Schloss getrunken. Gebraut wurde es von den sogenannten Alewifes, denn das Brauen war damals reine Frauensache.

Um das Jahr 1500 herum wurde vom europäischen Festland Hopfen auf die Insel gebracht, welcher für die Herstellung einer bittereren Variante des Ales verwendet wurde. Diese nannte sich dann Bier, bzw. im Englischen natürlich „beer". Über die Jahre hinweg wurde das Bier immer populärer und löste das weniger bitter schmeckende Ale ab.

Der Bierkonsum war damals sehr hoch. Er lag bei etwa einer Gallone pro Person und Tag. Glücklicherweise enthielt das Bier damals weniger Alkohol als unser heutiges Bier. Der Brauprozess tötete sämtliche Bakterien, was den Genuss des Bieres sicherer machte als das Trinken von Wasser. Denn dieses wurde in der Regel aus Brunnen bezogen und war nicht vergleichbar mit der klaren Flüssigkeit, die heutzutage aus den Wasserhähnen moderner Länder fließt.

Die Küche war direkt im Schloss selber untergebracht, nicht in einem Nebengebäude. Zwei fest vermauerte Kanäle, einer für Frischwasser aus dem Brunnen im Hof, der zweite als Abwasserkanal, verbanden die Küche des Schlosses mit dem Hof. Einen Haushalt von der Größe dieses Schlosses mit Essen zu versorgen, war eine große Herausforderung. Laut einer Aufzeichnung aus dem Jahr 1600 betrugen die Mietzahlungen in Naturalien an das Schloss: 167 Rinder als Schlachtvieh, 700 Hühner, 40 Fässer Lachs und 5.284 Eier. All diese Produkte wurden in der Großküche des Schlosses verarbeitet.

Große Fleischbrocken, Fisch, Geflügel und sogar Früchte wurde auf einem großen, eisernen Spieß über offenem Feuer geröstet. Der Spieß musste während des gesamten Röstvorgangs ständig gedreht werden, eine ebenso langweilige wie anstrengende und ermüdende Arbeit. Diese wurde natürlich von einem Hilfsarbeiter niederen Ranges durchgeführt, dem sogenannten „turnbrochie", zu Deutsch etwa „Spießdreher"[5].

Vor Wintereinbruch wurde der gesamte Viehbestand geschlachtet und das Fleisch mit Salz haltbar gemacht. Schinken, andere Fleischstücke und Fisch wurden über dem Feuer auf einem sogenannten Räucherbrett geräuchert.

Gekocht wurde außerdem in großen Kesseln (engl.: cauldrons), die an einer Kette über dem Feuer hingen. Praktischerweise wurden darin mehrere Dinge auf einmal gekocht. Der Boden des Kessels war zunächst mit einem durchlöcherten Holzbrett versehen, auf welches Schinkenstücke gelegt wurden. Darüber kam ein zweites Holzbrett als Trenner, auf das weitere Speisen gelegt wurden. Bag pudding[6], Suppenfleisch, Geflügel, Eier und sogar Zwiebeln wurden darin zubereitet und haltbar gemacht.

Das Schloss selber besteht aus einem Haupthaus mit einem großen, an einer Seite angebauten Turm. Im Turm ganz oben hatte der Marquis sein Schlafzimmer. Das Zimmer darunter gehörte dem Steward. Und ganz im Keller des Turms war das Burgverlies, das Gefäng-

---

5   Das Wort findet sich auch in der französischen Sprache wieder: der Drehspieß heißt dort „le tournebroche"

6   Bag pudding war so etwas wie der Vorläufer von Sülze oder Presswurst. Getreide, Bohnen und andere Zutaten wurden dafür verwendet. Heute versteht man unter bag pudding einen Dessert-Pudding, der in einem Säckchen eingeschlossen entweder gekocht oder im heißen Dampf zubereitet wird.

nis angesiedelt. In dieses hat man für die Besucher von heute extra zwei lebensgroße Gefangene aus Holz oder Kunststoff gesetzt.

Im Haupthaus war unter anderem der große Speisesaal untergebracht, ausgestattet mit zwei schweren Eichentischen. An der Wand desselben prangte eine Karte der Welt, wie man sie damals kannte, sowie das Porträt von Karl dem I., König von England, Schottland und Irland.

Diagonal gegenüber dem prächtigen Turm befindet sich der Eingang zum Schloss im ehemaligen Innenhof. Die darüber angebrachten Wappen und Symbole (siehe oben: die Geschichte von Huntly Castle) sind noch sehr gut erhalten und sind einzigartig in ganz Großbritannien. Sie wurden angebracht um den Besucher beim Überschreiten der Schwelle zu beeindrucken, indem sie die Stärke, den Status und den Gottesbezug sowie den katholischen Glauben der Gordons herausstellten. Hierzu wurden in den einzelnen Teilen sowohl weltliche als auch göttliche Themen porträtiert: Ganz oben, alles überschauend, steht der Krieger und Erzengel St. Michael. Direkt darunter war der auferstandene Jesus abgebildet, dieser Teil wurde aber im weiteren Verlauf der Geschichte zerstört. Darunter folgten weitere Symbole des Katholizismus (ebenfalls zerstört), sowie schließlich das Wappen von James VI. und Anne von Dänemark, um die Nähe der Gordons zur Krone herauszustellen. Das unterste Wappen, gleich über der Tür, ist das Wappen des Marquis of Huntly, welches stolz die Eigentumsverhältnisse des Schlosses darstellt.

Aber warum wurden nun gerade diejenigen christlichen Symbole entfernt, die mit dem katholischen Glauben in Verbindung gebracht wurden? Die Gordons waren Katholiken in einem offiziell protestantischen Land. Die katholischen Symbole ließen sie aus Trotz anbringen und um ihren eigenen Glauben herauszustellen. Zu der Zeit als die Symbole angebracht wurden, veranstaltete die protestantische Kirche obendrein auch noch regelmäßige Besuche auf Huntly Castle, um „den Earl zu belehren und katholische Priester fern zu halten". Da machten sich, aus Sicht der Gordons, solche Symbole natürlich gut, um den Protestanten mitzuteilen, was man von ihnen und ihrer Religion hielt. Als das Schloss in den 1640er Jahren durch Anhänger der presbyterianischen Kirche besetzt wurde, zerstörten sie die katholischen Symbole[7]. Die Schrammen der Meißel sind heute noch sichtbar.

Obwohl wir es hier mit einer Ruine zu tun haben, wurden die Räume soweit restauriert und präpariert, dass man sämtliche Ecken und Winkel des ehemaligen Schlosses besichtigen kann. Highlight ist dabei das Dachzimmer des Turms, mittlerweile allerdings ohne Dach. Ein kleiner Kamin lässt erahnen, dass es sich hierbei um einen gemütlichen Aufenthaltsraum mit toller Aussicht handelte. Möglicherweise war es einst eine Bibliothek oder ein Arbeitszimmer.

Von hier oben hat man einen herrlichen Blick auf die weitere Umgebung und man kann sich gut vorstellen, wie toll der Ausblick erst vor ein paar hundert Jahren gewesen sein muss, als das Schloss noch voller Leben war. Der Lustgarten, in dem die Familie inmitten exotischer Blumen Spaziergänge machte, der Küchengarten mit Kräutern und Gemüse und der Obstgarten mit verschiedenen Obstbäumen – all das konnte der stolze Schlossbesitzer von hier oben aus beobachten, zusammen mit seinen weitreichenden Länderreihen im Hintergrund, jenseits der Grenzen des Schlosses.

---

7   Ein gewisser James Gordon Parson of Rothiemay berichtet von diesem Vorgang: *[the castle] was preserved from being rifled or defaced, except some emblems and imagery, which looked somewhat popish and superstitious lycke; and therefore [...] wer hewd and brocke doune off the frontispiece of the house; but all the rest of the frontispiece containing Huntly's scutcheon, etc, was left untouched, as it stands to this daye.*

Nachdem wir ausgiebig das Schloss sowie die Außenanlage besichtigt hatten, gingen wir langsam in die Kleinstadt Huntly zurück. Ein wenig Shopping war angesagt, wobei natürlich der erste Whisky-Laden unserer Reise gerade recht kam. Die freundliche Verkäuferin oder Besitzerin erlaubte uns sogar, darin zu fotografieren. Natürlich haben wir ihr dann auch eine Flasche Whisky abgekauft. Einen Single Malt der Arran-Brennerei ohne Altersangabe mit dem Konterfei des Schottischen „Nationaldichters" und Schriftstellers Robert Burns[8], an dessen frühen Tod mit 37 Jahren die Brennerei mit dieser Flasche erinnern will.

Malerische Kulisse der Strathisla-Brennerei

Nach einem „tea for two" bestiegen wir wieder das Auto und fuhren weiter in Richtung unseres nächsten Ziels, dem Scottish Dolphin Centre[20] an der Nordküste. Auf dem Weg dorthin haben wir noch an der Strathisla-Brennerei angehalten und ein paar Fotos ge-

---

8   Mehr zu Robert Burns im Kapitel „Persönlichkeiten"

schossen, ohne eine Führung zu machen. Strathisla, die inzwischen zu Chivas Regal gehört, ist eine Brennerei wie aus dem Bilderbuch, mit zwei schönen Pagodentürmen – quasi dem Sinnbild einer Whisky-Destille –, einem Wasserrad sowie einem sehr gepflegten Garten. Leider fing es ein wenig an zu tröpfeln, so dass wir es vorzogen, die Reise im Auto fortzusetzen.

Das Dolphin-Centre befindet sich direkt an der Spey Bay, dem Ort also, an dem der Fluss Spey in die Nordsee mündet. Hier kann man sich über die Arbeit der „Whale and Dolphin Conservation", kurz WDC[21][22], informieren. Das ist eine 1987 gegründete, gemeinnützige Tier- und Artenschutz-Organisation, deren Zweck der Schutz des Lebensraums von Delphinen und Walen ist. Im „Moray Firth Dolphin Centre" werden beispielsweise Wale und Delphine beobachtet und erforscht.

Man kann als Besucher verschiedene Events buchen, oder sich auch nur auf den Hügel neben dem Centre stellen und mit einem Fernglas nach Delphinen Ausschau halten. Wir haben leider keine gesehen, uns dafür aber mit einer jungen Angestellten von vielleicht 20 Jahren unterhalten. Schnell stellte sich heraus, dass es eine Deutsche war, die ein Jahr in Schottland bei der WDC eine Art Auslandspraktikum machte. Im Herbst würde sie nach Deutschland zurückkehren, dann dort noch ein halbes Jahr studieren und nach Abschluss ihres Studiums nach Schottland auswan-

dern, weil man hier im Bereich Umwelt- und Arten-
schutz wesentlich mehr Möglichkeiten hat zu arbeiten
als in Deutschland. Des Weiteren war sie, wie auch
wir, fasziniert von der Freundlichkeit und Offenheit
der Schotten. Wir konnten ihren Umzugswunsch
durchaus nachvollziehen und wünschen ihr unbe-
kannterweise nun von hier aus alles Gute und viel
Glück auf dem geplanten Lebensweg!

Der Regen hatte inzwischen wieder aufgehört und
nach einem Besuch des Cafés im Dolphin-Centre ver-
traten wir uns noch ein wenig die Beine am Strand.
Danach fuhren wir weiter zu unserer nächsten Unterkunft, die vom Gebäude her das Highlight des gesamten Urlaubs darstellte. Es handelte sich um „The Old
Kirk"[23], einem Bed and Breakfast, das in einer alten,
aufgegebenen Kirche untergebracht ist. Diese hat nach
der Profanisierung und Zwischennutzung für landwir-
tschaftliche Zwecke entsprechende Innenausbauten
bekommen und dient seitdem als Wohngebäude. Ein
Bild der Old Kirk finden Sie am Anfang dieses Kapitels.

The Old Kirk

*Die Geschichte des Gebäudes kann man in einer Map-
pe auf den Zimmern nachlesen, oder sie sich vom
freundlichen Besitzerehepaar erklären lassen: Eine Familie Brodie, treue Anhänger der presbyterianischen
Kirchen, spendete den Baugrund der Free Church of
Scotland. Die Kirche, die auf dem Grund errichtet wurde, wurde zunächst East Church genannt, denn in dem
Dorf gab es bereits eine ältere (und vermutlich weiter*

westlich gelegene) Kirche. Die East Church war eine presbyterianische Kirche, die mit der „United Free Church" verbunden war. Sie wurde Mitte des 19. Jahrhunderts erbaut – Grundsteinlegung war im April 1856. Danach wurde sie bis zur Mitte des 20. Jahrhunderts als Kirche genutzt. Die letzte Hochzeit, die in der Kirche gefeiert wurde, datiert auf das Jahr 1941 zurück.

Danach, im März 1941, wurde die Kirche geschlossen und über 40 Jahre lang landwirtschaftlich als Kartoffelspeicher genutzt. Dies war nichts Ungewöhnliches, sondern eher das normale Schicksal jeder aufgegebenen Kirche. Es gibt heute noch ehemalige Kirchen in Schottland, die so genutzt werden.

Zwischen 1998 und 1999 wurde die Kirche umgebaut. Ein deutsches Ehepaar kaufte die Kirche im Jahr 2001 und errichtete darin das „The Old Kirk Bed and Breakfast". Im Jahr 2008 trennten sie sich, gingen nach Deutschland zurück und verkauften die Kirche den heutigen Besitzern: einem Ehepaar aus Irland, welches das B&B nun weiterführt.

Die Homepage der Old Kirk trägt den Untertitel „Bed and Breakfast with Style..." und das ist keineswegs übertrieben. Man lebt hier sozusagen in einem Stück historischen Schottlands. Es gibt nur drei Gästezimmer. Da die Besitzer, Hilary und Herby, alles allein bewirtschaften wären mehr Zimmer vermutlich auch nicht zu schaffen.

Wir betraten unser Gästezimmer und staunten. Die Außenmauern waren über einen halben Meter dick, aus Natursandstein und so belassen wie sie früher waren. Ein schwerer Vorhang hing vor den Fenstern, die von der Form her unten rechtwinklig waren, nach oben rund zuliefen und in einer Spitze endeten. Diese Grundform wiederholt sich auch im ganzen Haus – sogar Betten und zugehörige Nachttische, in denen diese Form Einzug fand, hat man gefunden und hier integriert. Ein schwerer Massivholzschreibtisch stand gegenüber unseres Bettes, aber natürlich fehlt es auch nicht an Komfort. „En-suite facilities", das ist nichts anderes als ein ans Zimmer angeschlossenes Badezimmer, ist natürlich ebenso selbstverständlich wie ein Flachbildfernseher an der Wand und freies WLAN.

Gästezimmer in „The Old Kirk"

Beim Betreten des Hauses steht man in so etwas wie einer kleinen Eingangshalle, von der aus eine Treppe nach oben führt. Blickt man von dort oben auf die mächtige Haustür, so fühlt man sich schon ein wenig wie der „Lord himself". Nicht so groß und mächtig wie das Schloss in der Verfilmung von Graf Dracula, aber trotzdem wie in einem kleinen Palast.

Neben den Wohnräumen für die Gäste und dem Frühstücksraum gibt es hier außerdem noch eine eigene Bibliothek mit gemütlichen Sesseln und jeder Menge Büchern. Und natürlich das Highlight der Old Kirk: die sich fast über die gesamte Gebäudebreite erstreckende Lounge im Obergeschoss. In deren Mitte der Lounge lassen die riesigen Kirchenfenster Licht von außen in den Raum fallen. Direkt unter den Fenstern steht eine originale Kirchenbank als Sitzgelegenheit. Mit elegant gemachter, lederner Aufpolsterung wurde sie wesentlich gemütlicher gestaltet als sie im Originalzustand war. An den beiden Enden der Lounge links und rechts, etwas erhöht, befindet sich je eine bequeme Sitzecke mit Sofas und Sesseln, Holzöfen (einer als Attrappe, ein zweiter echt, allerdings haben wir ihn nicht in Betrieb genommen), Teppiche und in der Mitte ein runder Tisch mit Stühlen. An der Decke kann man am Original-Gebälk das handwerkliche Geschick der Zimmerleute von vor über 150 Jahren bewundern. In der Mitte der alten Balken hängt ein Kronleuchter an einer dicken Kette.

Langsam und ein wenig erfüllt von Ehrfurcht ließen wir uns in einem der gemütlichen Sofas nieder und genossen die Stille und Anmut dieses prachtvollen Raumes. In diesem Moment war es schon fast ein wenig störend zu wissen, dass wir diesen Platz nun tatsächlich noch einmal verlassen mussten, um zu Abend zu essen. Noch ein paar Minuten blieben wir sitzen und genossen den Eindruck der Lounge. Dann standen wir auf und fuhren in den kleinen Ort Forres, wo wir ausnahmsweise nicht die dort ansässige Brennerei Benromach besuchten, sondern ein Restaurant.

Gegen 21 Uhr waren wir zurück und ließen uns, wie könnte es anders sein, in der Lounge der Old Kirk nieder. Im Sofa am Kamin, ausgerüstet mit je einem Glas, welche wir sogleich mit dem heute in Huntly erworbenen Scotch füllten. Während wir den Whisky genossen und uns an der wundervollen Lounge kaum satt sehen konnten, klang der Abend langsam aus.

Stilleben in der Lounge

Koordinaten:

N57.4548	W2.7817	Huntly Castle
N57.5470	W2.9537	Strathisla
N57.6734	W3.0925	Moray Firth, Dolphin Centre
N57.6101	W3.6889	The Old Kirk Bed & Breakfast

Tag 4

Freitag, 2. September 2016.
152 km gefahren.

Tagesprogramm:

- Cairngorm-
  Nationalpark
- Reindeer Centre

Beim Frühstück trafen wir auf ein ebenfalls aus Deutschland stammendes Touristenpaar, das allerdings heute schon wieder abreiste. Vorher empfahl der Mann des Paares allerdings noch, unbedingt einmal Haggis zu probieren, was wir dann auch taten. Auf dem Teller sieht es ein bisschen aus wie ein gebratener Burger-Patty. Geschmacklich erinnert es ein wenig an grobe Leberwurst und ein wenig an Getreide. Nicht unbedingt schlecht, aber auch nicht so gut dass man es jeden Tag wieder essen müsste.

Für heute hatten wir eine Tour durch den nördlichen Teil des Cairngorm-Nationalparks geplant. Dieser ist mit 3.800 km² der größte Nationalpark ganz Großbritanniens. Er existiert als Nationalpark erst seit dem Jahr 2003.

Prägendes Element in diesem Nationalpark sind die Berge der Grampian Mountains. Es gibt hier nur wenige Autos auf noch weniger Straßen. Und die, die es gibt, führen einen durch eine atemberaubend schöne Landschaft. Hügel und Berge, grüne Wiesen, weiße Schafe, lila Heidekraut, Büsche, noch mehr Schafe, bunte Gräser, Bäume (wenn auch wenige), dunkelblaue Seen, einsame Häuser und wieder Schafe wechseln einander ab.

Schnelles Vorwärtskommen ist hier nicht leicht möglich, denn man verspürt ständig den Drang anzuhalten, die Landschaft zu genießen und mit der Kamera einzufangen. Oder auch nur zu einem der vielen, kleinen Seen zu laufen. Dabei sollte man nicht schreckhaft sein, denn wenn man über die Heidewiesen läuft, passiert es schon mal, dass eine Schar Rebhühner kurz vor einem aufsteigt. Diese bleiben wirklich sitzen bis man sie erreicht hat und sind so gut getarnt, dass es schier unmöglich ist, sie vorher zu entdecken.

Autos sieht man hier wie schon geschrieben fast nicht. Und wenn, dann sind es meist ebenfalls Touristen. Diese Landschaft können Bilder nur beschränkt wiedergeben. Man muss sie einfach selbst gesehen haben, um ihre volle Schönheit zu begreifen. Ich könnte mir keinen besseren Ort vorstellen um einen Nationalpark auszuweisen.

Straße durch den Cairngorm Nationalpark

Unser eigentliches Ziel war das Cairngorm Reindeer Centre[24]. Reindeers, zu Deutsch Rentiere, gehören zu den Hirschen, sind aber etwas kleiner als diese. Wichtig auf der ganzen Insel scheint zu sein, für alles, was man Touristen zeigen möchte, zunächst ein Besucherzentrum einzurichten. Und so besteht also auch das Reindeer Centre zunächst einmal aus einem Besucherzentrum, in dem man alles über diese Tiere erfahren, nachlesen und Bilder darüber ansehen kann. Hier erfährt man, dass die Cairngorm-Rentier-Herde die einzige frei lebende Rentierherde in ganz Großbritannien ist. Sie besteht aus ca. 150 Tieren, die frei in einem bestimmten Gebiet der Cairngorm Moutains leben. Und natürlich besteht die Möglichkeit, die Herde zu besichtigen. Es gibt zwei Touren täglich.

Dazu zahlt man zunächst eine Gebühr im Visitor-Centre. Dafür erhält man einen Prospekt sowie eine Karte, auf der eine Uhrzeit steht. Zu dieser Uhrzeit muss man sich im eigenen Auto an einem bestimmten Punkt einfinden. Dann kommt plötzlich der Ranger angefahren, in unserem Fall war es eine Rangerin, hupt ein paarmal und alle Autos folgen dem Rangerfahrzeug. Hinauf geht es in Kurven und leichten Serpentinen die enge, aber asphaltierte Straße. Nach etwa zehn Minuten Fahrt erreicht man einen Parkplatz. Von dort aus liegt noch eine ca. 20 Minuten dauernde, leichte Bergwanderung vor einem, bis man sich schließlich in dem weitläufigen Gelände befindet, in dem die Rentierherde lebt.

Die Tiere, die zunächst weit weg standen, kamen schnell näher, denn sie wussten natürlich, dass es etwas zu Fressen gibt, wenn der Ranger mit einem dicken Sack voller Futter auf dem Rücken hier erscheint. Sie sind dabei sogar so frech und laufen direkt auf dem angelegten Holzsteg hinterher, was vermutlich angenehmer ist als durch die oft schlammige Wiese zu waten.

Rentiere auf dem Holzsteg hinter der Rangerin

Am Fütterungsplatz angelangt bekommt man als Besucher der Tour auf Wunsch etwas von dem Futter und kann so selbst die Rentiere füttern, die sich dabei auch gern streicheln lassen. Dabei erstaunt die Geschwindigkeit, in der es die Tiere schaffen, eine Handvoll Futter leer zu fressen. Und es erstaunt ebenso die Geschwindigkeit, in der man für die gerade gefütterten Tiere wieder uninteressant wird, wenn die eigene Hand leer gefressen ist. Flugs wird Ausschau gehalten nach dem nächsten Paar Händen voller Futter.

Einmal hier angekommen wird man nach der Fütterung sich selbst überlassen. Es steht jedem frei direkt zum Auto zurückzulaufen oder auch mehrere Stunden hier oben auszuharren und die Rentiere zu beobachten, die sich dann aber in der Regel wieder zurückziehen, sobald sie merken, dass das Futter alle ist, das die Menschen mitgebracht haben. Wir blieben noch ein paar Minuten und machten Fotos, dann gingen wir in Ruhe zum abgestellten Auto zurück.

Der „hill trip" zu den Rentieren kostete im Jahr 2016 pro Person £14,00. Meiner Meinung nach lohnt er sich in jedem Fall, wenn man etwas Interesse an Tieren mitbringt. Wem das zu teuer ist oder wer sich die kleine Bergwanderung nicht zutraut, kann für £3,50 auch nur das Gehege am Visitor-Centre besichtigen. Hier werden etwa alle zwei Wochen abwechselnd einige Rentiere vom Berg ins Gehege nach unten geholt. Streicheln und füttern kann man sie hier allerdings nicht.

Fährt man die Straße weiter, so erreicht man nach einigen Kilometern die Cairngorm Railway[25], eine Standseilbahn an einer zwei Kilometer langen Strecke am Fuß eines Berggipfels. Hiermit kann man zum höchstgelegenen Café von Großbritannien, dem „Mambo's Cafe" fahren. Es befindet sich direkt unterhalb des Berggipfels auf fast 1.100 Höhenmetern. Man befindet sich hier außerdem in einem der wenigen Ski- und Wintersportgebiete des Landes.

Mangels Zeit haben wir die Cairngorm Railway und das Café allerdings nicht besucht. Wir haben stattdessen auf der Rückfahrt noch einen kleinen Umweg genommen und dabei mehrfach angehalten, um die Schönheit des Nationalparks zu genießen. Nach dem

Abendessen im „The Old Mill Inn" in Brodie ging es zurück zur Old Kirk, wo wir noch ein Schwätzchen mit Herbie in der Lounge bei einem Glas Whisky hielten.

Leider hatten wir nur zwei Nächte in diesem wundervollen B&B gebucht, so dass dies schon unser letzter Abend hier war. Schweren Herzens packten wir also heute schon wieder unsere Koffer, um uns so auf die morgige Weiterfahrt vorzubereiten.

Koordinaten:

N57.1670	W3.6912	Cairngorm Reindeer Centre
N57.1342	W3.6712	Cairngorm Railway

Lounge der Old Kirk, links im Bild das mächtige Kirchenfenster

Tag 5

Samstag, 3. September 2016. 141 km gefahren.

Tagesprogramm:

- Lossiemouth

- Fort George

- Black Isle

Schweren Herzens packten wir heute Morgen unsere Siebensachen wieder ins Auto und verließen Hilary, Herbie und The Old Kirk. Den festen Willen im Kopf, beim nächsten Besuch wieder hier zu nächtigen, dann aber mehr als nur zwei Tage, fuhren wir weiter. Unsere nächste gebuchte Unterkunft lag nördlich von Inverness auf der Black Isle, direkt am Moray Firth, welcher berühmt für die Beobachtung von Delphinen und Walen ist – dazu später mehr. Doch auf dem Weg dorthin wollten wir noch zwei andere Orte besuchen.

Der erste war Lossiemouth, ein Fischerort mit langen und dünenreichen Sandstränden. Er befindet sich ca. 15 Kilometer westlich der Spey Bay, die wir ja schon besucht hatten. In Lossiemouth gingen wir erst ein paar Dinge einkaufen und sahen uns dann am Hafen um, den wir bereits von zu Hause kannten. Denn hier gibt es insgesamt drei Webcams[26] mit Live-Bildern von verschiedenen Hafenbereichen – sehr gut geeignet zum Beispiel auch um zu sehen, wie das Wetter in Schottland gerade ist. In der Straße direkt am Kai findet man viele kleine Geschäfte und natürlich Pubs, die zum Hineingehen oder einfach nur zum Ansehen einladen.

Geht man die Straße am Hafen weiter in Richtung Süden, so erreicht man schon bald eine schöne Strandpromenade mit Cafés, Geschäften und einer Eisdiele. In einem kleinen Park wachsen Palmen, die man hier wahrlich nicht vermutet. Doch durch die unmittelbare Nähe zum Meer, welches hier auch noch unter dem Einfluss des warmen Golfstroms ist, wird es hier nie so kalt, dass es für diese Bäume gefährlich werden könnte.

Hafenpromenade mit vielen kleinen Geschäften und Pubs

In Lossiemouth mündet der Fluss Lossie ins Meer, daher auch der Name der Stadt. Er trennt das Festland an dieser Stelle von einer langgezogenen Halbinsel, die den „Lossiemouth East Beach" beherbergt, einem beliebten Ausflugsziel für Einheimische wie Urlauber. Über eine lange Fußgängerbrücke erreicht man die Insel und findet sich auf einem tollen Strand aus feinstem weißen Sand wieder. Zum Baden war es uns zwar zu kalt, aber für eine kleine Wanderung oder einfach nur, um am Strand zu sitzen und das Meer, die Schiffe und im Wasser planschende Hunde zu beobachten, war dieser Strand ideal.

Fußgängerbrücke über den Fluss Lossie zum East Beach

Nach ein paar Stunden am Strand und einem sehr guten Eis an der Promenade schlenderten wir zurück zum Auto . Weiter ging die Fahrt.

Unser nächstes Ziel war Fort George[27], eine historische Festung aus dem 18. Jahrhundert, die in Teilen auch heute noch der Britischen Armee als Kaserne dient. Erbaut wurde sie, um in den Nachwirkungen des Jakobiter-Aufstands von 1745 wieder Ruhe in die Highlands zu bringen und das Gebiet zu kontrollieren. Das Fort wurde militärstrategisch günstig auf einer Landzunge und Meerenge am Moray Firth erbaut. Von hier aus konnte man den Seeweg nach Inverness kontrollieren und feindlich gesonnene Schiffe bereits hier abwehren, bevor sie die strategisch wichtige Stadt erreichten. Und unterhalb der mächtigen Befestigungswände hatte das Fort seinen eigenen Hafen. So war man auch gegen Belagerungen gewappnet, denn hierüber konnte das Fort mit Nachschub versorgt werden, auch wenn der Landweg blockiert war.

Ein Teil des Forts dient als Museum. Hier hat man einige Räume im Stil damaliger Kasernen nachgebaut, um zu zeigen, wie das Leben in der Armee zum Zeitpunkt der Errichtung des Forts und auch in einigen Epochen danach war. Eine große, historische Waffensammlung kann hier ebenfalls besichtigt werden.

Im November 2016 gab das britische Verteidigungsministerium übrigens bekannt, dass die militärische Nutzung des Forts im Jahr 2032 enden wird. Der Verteidigungsminister begründete die Entscheidung damit, dass das Fort nicht länger gebraucht würde, weil die Rebellionen und Aufstände der Highlander nun vorüber seien. Britischer Humor vom Feinsten, auch in der Politik.

Das Fort selber ist riesig und kann fast komplett von den Besuchern begangen werden, mit Ausnahme der Gebäude natürlich, die heute noch dem Militär als Standort dienen. Sogar eine eigene kleine Kirche findet sich hier. Von der ca. 1,5 Kilometer langen Wehrmauer hat man einen tollen Ausblick auf den Moray Firth und die Black Isle, die sich westlich davon anschließt.

Blick vom Fort zum Landzipfel Chanonry Point. Im Hintergrund links ist die Kessock-Bridge zu sehen.

Nach dem Besuch des beeindruckenden Forts fuhren wir in Richtung Süden bis fast nach Inverness, dort über die mehr als 1.000 Meter lange Kessock-Bridge und dann wieder in Richtung Norden zu unserer nächsten Unterkunft auf der Black Isle[28]. Die Fahrstrecke betrug 35 Kilometer, obwohl der Punkt von Fort George aus weniger als fünf Kilometer Luftlinie entfernt lag. Da Fort George aber am östlichen Ufer, die Black Isle hingegen am westlichen Ufer des Moray Firth liegt, war der Weg im Auto deutlich länger.

Unser neues B&B für die kommenden drei Nächte wirkte nach The Old Kirk schon relativ traurig. Wenn man schon mit dem Besten beginnt, ist eben keine Steigerung mehr möglich und alles danach bestenfalls noch Mittelmaß. Die Black Isle befindet sich westlich des Moray Firth und wir sind nun bereits in der Region Highland, Distrikt Ross and Cromarty, nachdem wir uns bisher in den Regionen Aberdeenshire und Moray bewegt hatten.

Auf der Black Isle wird hauptsächlich Land- und Forstwirtschaft betrieben, weshalb sie auch gern die Kornkammer Schottlands genannt wird. Viele der berühmten Whisky-Destillen des Landes beziehen ihren Rohstoff von den Feldern auf der Black Isle.

Der Name Black Isle ließe vermuten, dass es sich hierbei um eine Insel handelt. In Wirklichkeit ist es aber nur eine Halbinsel, die an drei Seiten von Wasser eingeschlossen ist. Im Norden und Nordwesten ist dies der Cromarty Firth, ein Meeresarm des Moray Firth, der hier weit ins Land einschneidet. Im Osten ist es der schon erwähnte Moray Firth selber, welcher im Süden in Höhe der Kessock Bridge in den Beauly Firth übergeht. Die Ansiedlung auf der Black Isle an dieser Stelle heißt praktischerweise North Kessock. Die nach diesem Ort benannte Brücke, die Kessock Bridge, ver-

bindet die Ortschaft auf der Black Isle mit dem Nord-
rand von Inverness.

Die Glen Ord Whisky-Brennerei befindet sich direkt
auf der Black Isle, ebenso eine kleine Brauerei, die
„Black Isle Brewery Ltd."[29]. Wir haben keine von beiden besucht, aber ich habe zumindest einmal ein Bier
der Brauerei getrunken. Allerdings nicht an diesem
Abend, an dem wir in Fortrose im Anderson Hotel[30]
zum Essen waren. Trotzdem war es hier sehenswert,
denn die angeschlossene Bar des Hotels hatte die
größte Auswahl offener Whisky-Flaschen, die ich im
gesamten Urlaub gesehen habe.

Whiskyauswahl in der Bar des Anderson-Hotels in Fortrose

Jeder freie Zentimeter des Barbereichs war mit Rega-
len versehen und diese mit Flaschen zugestellt. Ich bin
selbst ein Künstler wenn es darum geht, verfügbaren
Stauraum möglichst gut auszunutzen, aber hier hätte
selbst ich nichts mehr optimieren können.

Laut Homepage des Hotels sollen es über 260 verschiedene Single Malts sein, die hier auf den Gast warten. Die vollständige Liste kann man auf der Homepage als PDF herunterladen. Da findet man schon etliche Exoten, darunter auch Sorten, für die man in dem Pub auch schon mal 20 Pfund hinlegen darf. Für ein Glas, wohlgemerkt!

Neben Whisky gibt es hier übrigens auch Biere aus aller Welt, da sind es aber „nur" 170 Sorten. Darunter sogar St. Georgen Bräu aus Buttenheim (Fränkische Schweiz) – ich dachte nicht, dass man das außer in meiner Heimat überhaupt noch woanders bekommt, schon gar nicht hier in Schottland. Interessanterweise wäre es nicht einmal so sehr teuer gewesen wie ich gedacht hätte: £4,20 für den halben Liter. Für lokale Biere zahlt man im Restaurant schon ca. £3,50 bis £4,00. Insofern ist der Preis keinesfalls überteuert, wenn man den langen Weg bedenkt, den das Bier hinter sich hat.

Koordinaten:

N57.7187	W3.2803	Lossiemouth Sandstrand (East Beach)
N57.5835	W4.0710	Fort George
N57.5816	W4.1307	The Anderson Hotel and Bar

Tag 6

Sonntag, 4. September 2016. 91 km gefahren.

Tagesprogramm:

- Chanonry Point
- North Kessock
- Cromarty

Es heißt, der Landzipfel bei Fortrose, der sich weit in den Moray Firth erstreckt, wäre ein idealer Punkt, um Delphine und zeitweise sogar Wale zu beobachten. Dabei soll die Zeit eine erhebliche Rolle spielen, mit dem besten Zeitpunkt etwa zwei Stunden nach Ebbe, wenn der Meeresspiegel langsam schon wieder steigt. Der Grund: bei steigendem Wasser drückt das Meer jede Menge Kleinfische in den Moray Firth, die den Delphinen als Nahrung dienen. Auf der Jagd nach Futter schwimmen diese dann ebenfalls weit in den Moray Firth hinein. Am Chanonry Point, wie die Spitze des Landzipfels heißt, müssen sie dabei eine Meerenge zwischen eben diesem Punkt und dem Fort George auf der anderen Seite passieren. Und genau dabei tauchen sie hier gern auf.

Entsprechend voll war der Strandab- schnitt an diesem Punkt dann auch. Voll von Leu- ten mit großen Stati- ven und noch  größeren Teleobjektiven, leider nicht voll von Del- phinen. Es sind eben Wildtiere und sie verhalten sich deswegen nicht immer so, wie wir Menschen es gerne hätten. Wir sahen längere Zeit aufs Wasser, konnten aber außer Enten und Haubentauchern keine Tiere entdecken.

Es gibt Unternehmen, die einen mit Booten aufs Meer hinausfahren. Zu Stellen, an denen die Chance zur Delphinsichtung wohl höher ist als am Strand. Eine Garantie können natürlich auch diese nicht geben, dass man auf dem Trip tatsächlich Delphine sehen wird. Aber auch dabei gibt es bevorzugte Zeiten, an denen die Boote fahren. Den Bootstrip sparten wir uns heute aber.

Wir zogen es vor, weiter in Richtung Süden nach North Kessock zu fahren. Hier heißt der Moray Firth nun Beauly Firth, weil er vom River Beauly gespeist wird. Auch hier sollte die Möglichkeit zur Delphinbeobachtung gegeben sein. Tatsächlich hatte ich vom Chanonry Point aus eine einsame Schwanzflosse etwa in Höhe der Kessock-Bridge mit der Kamera eingefangen, allerdings nicht in der Größe und Qualität, die ich mir vorgestellt hatte.

Aber wir hatten wieder Pech als wir in North Kessock ankamen. Dafür war das Wetter wieder einmal traumhaft, und wir kommen ja sicher wieder nach Schottland. Dann werden wir einen weiteren Versuch unternehmen, gegebenenfalls auch mit einem der Boote. Für heute blieb uns nur die Besichtigung der Kessock Bridge und des kleinen Ortes North Kessock.

Die Kessock Bridge

Die Kessock Bridge überspannt bei Inverness den Be-auly Firth. Sie trägt dabei die wichtigste Fernverkehrs-straße der Highlands, die A9. Die Brücke hat eine Länge von 1.056 Metern. Der deutsche Bauingenieur Hellmut Homberg übernahm die Aufgabe des Architekten. Er konstruierte die Brücke nach dem Vorbild einer Rhein-brücke bei Düsseldorf, die er Mitte der 1960er Jahre ebenfalls plante. Die großen Brückenpfeiler dominieren die Skyline von Inverness, besonders nachts, wenn sie von Scheinwerfern angestrahlt werden.

Da die Brücke genau an einer seismisch aktiven, tekto-nischen Verwerfung (der Great Glen Fault) steht, wur-den bei der Konstruktion entsprechende Puffer verbaut, um sie erdbebensicher zu machen. Jeder der Puffer hat eine Größe von 3 Metern und wiegt 2 ½ Tonnen.

Die Bauarbeiten an der Brücke begannen 1976, im Jahr 1982 wurde sie fertiggestellt. Bis dahin konnte man den Beauly Firth entweder mit einer Fähre überqueren, oder einen größeren Umweg um den gesamten Firth neh-men.

Ein kurzer Abstecher führte uns noch nach Inverness, dort hielten wir es aber nicht lange aus. Nach all der Ruhe war der ganze Verkehr in der für dortige Ver-hältnisse großen Stadt einfach nicht passend. Inter-essant war aber die Fahrt dahingehend, dass wir zum ersten Mal sahen, wie sich Verkehrsplaner hier mit Kreisverkehren und Ampeln austoben können, wenn man sie nur lässt. Bislang dachte ich immer, ein Kreis-verkehr würde gebaut, damit man sich das Aufstellen einer Ampel sparen kann. In der Regel ist das auch so, nicht aber hier. Man hat es verstanden, verschieden große Kreisverkehre in Reihe zu schalten. Und um die

Verwirrung komplett zu machen, hat man in sie hinein noch Ampeln auf verschiedenen Ein- und Ausfahrten installiert. Es gibt ein über 50-seitiges Dokument des britischen Verkehrsministeriums[31] über „signal controlled roundabouts" mit tollen Bildern, Zeichnungen und Erklärungen, in dem man die Gründe für Ampeln in und an Kreisverkehren nachlesen kann. Ich erspare Ihnen die Wiedergabe dieser Informationen jedoch in diesem Buch. Nicht ersparen möchte ich Ihnen jedoch die besonderen Regeln, die es in Kreisverkehren in Großbritannien zu beachten gibt. Sie passen aber besser ins Glossar als zur Stadt Inverness, weswegen Sie die entsprechenden Informationen im „Schottland-ABC" am Ende des Buches unter „Kreisverkehr" finden.

Die Idee, in Inverness zu Abend zu essen, haben wir mangels vorhandener Parkplätze und auch aufgrund der Hektik der Stadt rasch wieder verworfen. Stattdessen sind wir lieber durch die spätnachmittägliche Sonne über die Black Isle nach Cromarty[32] an die Nordostspitze der Halbinsel gefahren. An dieser Stelle schneidet mit dem Cromarty Firth die See weit ins Land ein. Da die nächste Brücke 15 Meilen entfernt ist, lohnt sich hier sogar der Betrieb einer kleinen Fähre zwischen Nord- und Südufer bei Cromarty. Diese legt eine Strecke von einem knappen Kilometer zurück und befördert neben Personen auch Autos in begrenzter Anzahl. Das Auto ließen wir auf einem Parkplatz östlich der Kleinstadt stehen und machten einen kleinen Spaziergang am Strand. Als wir die Spitze der Landzunge erreicht hatten, die auch einen kleinen Leuchtturm trägt, hatten wir sogar das Glück, die kleine Fähre in Aktion zu sehen, die wenige Augenblicke vorher in Richtung Norden abgelegt hatte.

Blick von Cromarty nach Nigg im Norden. Rechts im Bild die Fähre.

Wir fanden einen schönen Platz im Außenbereich eines Hotels direkt am Hafen. So war beim Essen auch gleich für Abwechslung und Unterhaltung gesorgt - und hier haben wir nun auch das leckere Bier der Black Isle Brewery[29] bekommen.

Ein eher gemütlicher Tag war das heute, mit nur wenig Autofahrt, leider ohne Delphine, aber mit jeder Menge Sonne und auch wieder schönen Eindrücken von Schottland.

Koordinaten:

N57.5737	W4.0940	Chanonry Point
N57.4987	W4.2283	Kessock-Bridge
N57.6826	W4.0376	Hafen von Cromarty

Tag 7

Montag, 5. September 2016. 266 km gefahren.

Tagesprogramm:

- Aviemore
- Cairngorms-Nationalpark
- Loch Ness und Loch Tarff
- The Dores Inn

Weil es uns beim ersten Mal so gut gefallen hat, wollten wir noch einmal durch den Cairngorms-Nationalpark fahren und die tolle Landschaft genießen. Bei unserem Aufenthalt in The Old Church hatten wir außerdem von Hilary den Tipp bekommen, dass es in Aviemore ein nettes Café gebe, was schließlich auch gestimmt hat. Und noch besser: daneben war ein Laden von Walkers Shortbread! Hier musste ich natürlich erst einmal einkaufen, bevor wir unsere Fahrt fortsetzten.

Unser nächstes Ziel hatte ich auf Google Streetview während der Urlaubsvorbereitungen entdeckt. Es handelte sich um eine kleine Kirche mit angeschlossenem Friedhof neben einem ebenfalls kleinen See, dem Loch Alvie. Entsprechend heißt die Kirche auch Alvie Church.

Friedhof der Alvie Church mit alten Grabsteinen, dahinter Loch Alvie

Der Friedhof der Kirche war sehenswert: viele verschiedene Grabsteine, die meisten aus dem 19. Jahrhundert, einige neuere auch aus dem letzten Jahrhundert. Der Friedhof macht den Eindruck als wäre er sich selbst überlassen worden. Viele der Grabsteine standen schief und krumm auf der Wiese. Ein Zustand, den es im „ordentlichen" Deutschland natürlich niemals geben dürfte. Hier hätte alles in Reih und Glied zu stehen, einer neben dem anderen, im gleichen Abstand – schön eintönig und langweilig. Nicht so in Schottland. Hier fanden wir auch Grabsteine, die in der Mitte zerbrochen waren und die dann mit zwei, inzwischen rostigen Eisenbändern wieder aneinander geschraubt waren. An einem anderen Grabstein war die Frontplatte mit der Inschrift abgesprungen und jemand hatte sie nur an den Grabsteinrest gelehnt. Und hinter allem der kleine, ruhige, idyllische See. Rings herum nichts als Landschaft und Ruhe. Wieder einer dieser stillen und fast verwunschenen Orte, die dieses Land so interessant und schön machen.

Alvie und die Alvie Church

Die Kirche sah noch nicht sehr alt aus, denn sie erfuhr 1952 eine Grundrenovierung. Hier ein kleiner Ausflug in die Geschichte dieses Ortes, die sich teilweise sogar mit der deutschen Geschichte überlappt. Einer Inschrift war zu entnehmen, dass dieser Ort seit fast 500 Jahren für religiöse Zeremonien genutzt wurde und nach wie vor natürlich genutzt wird. Die Liste der Geistlichen, die hier tätig waren, geht zurück bis ins Jahr 1567. Die Kirche wurde mehrmals restauriert, insbesondere im Jahr 1880 unter Leitung von Hochwürden James Anderson. Die nächste große Renovierung fand, wie oben schon geschrieben, 1952 durch die Kirchenmitglieder und de-

ren Freunde statt, unter der Leitung des Pastors Alexander D. Macrae.

Die Kirche und der Friedhof gehören zum Weiler Alvie, der eigentlich nur aus einer einzigen Farm besteht, die dort seit dem frühen 19. Jahrhundert steht. Die englischsprachige Wikipedia weiß darüber zu berichten: 1905 wurde Alvie von Sir Robert Boville Whitehead (genannt Bertie) gekauft, der es bis 1923 besaß. Er war der Enkel des englischen Ingenieurs Robert Whitehead, dem Erfinder des Torpedos. Die Whitehead-Familie hatte in einige der einflussreichsten Kreise in Europa eingeheiratet. So war beispielsweise Berties Cousine, Gräfin Marguerite Hoyos, mit Herbert von Bismarck verheiratet, das war der Sohn des ehemaligen Reichskanzlers Otto von Bismarck. Eine andere Cousine, Agatha Whitehead, heiratete den Österreichischen Kapitänleutnant Georg Johannes von Trapp. Agatha starb allerdings schon 1922, und hinterließ Trapp insgesamt sieben Kinder, welche dieser mit der Hilfe einer Gouvernante namens Maria aus dem nahegelegenen Benediktiner-Frauenkloster aufzog, wo die Kinder unter anderem auch in Musik unterrichtet wurden. Das Broadway-Musical „The Sound of Music" basiert auf der Geschichte von Georg Johannes von Trapp und der Gouvernante, die er später heiratete.

Die Whitehead-Familie hatte eine Torpedo-Fabrik in Weybridge (England) und eine weitere im Ostseeraum, die von Trapp leitete. Während des ersten Weltkriegs versorgte die Fabrik an der Ostsee die deutsche Marine mit Torpedos, während die Fabrik in Weybridge dasselbe mit der britischen Navy tat.

Zurück in die Gegenwart und damit zurück zu unserer Reise. Nachdem wir über eine Stunde den Friedhof und auch die kleine Kirche besichtigt und dabei jede Menge Fotos geschossen hatten, verließen wir diesen

Ort der Stille wieder. Die nächste Station war Kingussie, ein kleines Städtchen mit knapp 1.500 Einwohnern. Hier hielten wir an einem kleinen Weiher an, um auf einer Bank noch im Auto vorhandene Scones zu essen und die Sonne zu genießen. Dabei wurden wir von einer Entenfamilie überfallen, die den Weiher verließ und unbedingt etwas von unserer Mahlzeit abhaben wollte. Besonders lecker waren die schon ein paar Tage alten Dinger sowieso nicht mehr. Und so haben wir damit lieber die Enten glücklich gemacht. Die nun nicht mehr vorhandenen Scones holten wir im selben Ort im „Duke of Gordon" nach, begleitet von einer Tasse Tee.

„Speisekarte" im Duke of Gordon

Weiter ging die Fahrt, entlang Loch Laggan bis zum Laggan Staudamm. Dieser wurde bereits 1934 für den Auftraggeber, die British Aluminium Company errichtet. Er ist heute noch in Betrieb und passt sich von der Architektur her ganz wunderbar in die Landschaft ein.

Nach noch etlichen Meilen weiterer Fahrt erreichten wir kurz vor 19 Uhr den Ort Fort Augustus, welcher den Südzipfel des wohl berühmtesten schottischen

Sees markiert: Loch Ness. In Fort Augustus ist der Nepp zu Hause. Hier kostet sogar das Parken ordentlich Geld. In diversen Läden kann man sich mit Nessie-Souvenirs aller Art eindecken.

Wand mit Plüsch-Nessies in einem der Geschäfte in Fort Augustus

Fast wie Schüttgut werden hier in voll gefüllten Bussen die Touristen herangekarrt, welche sodann durch die erwähnten Souvenirläden geschoben werden. Wir haben diesen Ort deswegen möglichst schnell wieder verlassen. Unser Rückweg führte uns aber nicht auf direktem Weg auf der A82 nach Inverness zurück. Diese verläuft fast durchgängig direkt am Westufer des Loch Ness und ist ebenfalls eine beliebte Touristenstraße. Stattdessen haben wir die B862 genommen. Das ist eine kleine Nebenstraße, die zunächst in östlicher Richtung vom Loch Ness weg führt und bald darauf einen viel kleineren See, das Loch Tarff streift. Hier hielten wir noch kurz an um die Gegend zu genießen und ein paar Fotos vom See und von den

Hirschen zu machen, die in einem Gehege in der Nähe weideten. Am Loch Tarff wurden übrigens ebenfalls einige Szenen zum Film Local Hero gedreht, den ich oben bei Pennan erwähnte. Vor größeren Ansammlungen von Menschen wurden wir hier auch verschont. Die Mehrheit nimmt brav die Uferstraße A82.

Blick vom „Suidhe Viewpoint" in Richtung Norden

Weitere etwa zwei Kilometer ging die Fahrt, dann machten wir noch einen Halt, und zwar am Suidhe Viewpoint in 400 Meter Meereshöhe, von wo aus man eine tolle Aussicht auf die Berge und Landschaft ringsherum hat. Eine Infotafel klärt über deren Namen auf. Hier erfuhren wir außerdem, dass die B862, auf der wir uns bewegten, dem Verlauf einer früheren Militärstraße folgt, die hier vor ca. 300 Jahren gebaut wurde. Solche ehemaligen Militärstraßen gibt es einige im nördlichen Schottland. Sie entstanden Anfang bis Mitte des 18. Jahrhunderts, als die britische Regierung versuchte, wieder Ordnung in das durch den Jakobiter-Aufstand 1715 zerrüttete Land zu bringen. In der modernen Zeit wurden dann viele der ehemaligen Militärstraßen entsprechend ausgebaut und die aus Steinen bestehenden Straßen mit glattem Belag versehen, wie wir ihn heute kennen.

Wir folgten weiter dieser Straße, die sich in der Nähe von Foyers wieder dem Loch Ness nähert. Ein paar Kilometer weiter verläuft die Straße dann direkt am Ostufer des bekannten Sees. Wir fuhren weiter Richtung Norden, genossen die Aussicht auf den See und erreichten gegen 20 Uhr den Ort Dores. Auf dem Parkplatz des (laut eines Reiseführers) bekannten und beliebten Pubs „The Dores Inn"[33] hielten wir an. Es hieß, hier müsse man unbedingt reservieren, sonst wäre es aussichtslos, einen Platz zu bekommen. Nun ja, das war nicht der Fall. Das Pub war zwar gut besucht, aber einen Tisch haben wir trotzdem bekommen.

Außenansicht von „The Dores Inn"

Und so konnten wir hier zu Abend essen. Mit drei Handwerkern, die gerade das Pub betraten, kam ich

kurz ins Gespräch und ließ mir ein lokales Bier empfehlen. Blöderweise waren in dem Fass nur noch zwei
Gläser Rest vorhanden und es war wohl das letzte Fass
der Sorte. Tat mir ja fast ein wenig leid, dass die drei
jetzt ihr Lieblingsbier nicht mehr trinken konnten.
Andererseits waren sie ja zu dritt und was hätten denn
drei Männer mit zwei Gläsern Bier angefangen?

The Dores Inn liegt direkt am Ostufer von Loch Ness,
an der Stelle, an der der See im Norden seine Breite
etwa halbiert. Nach dem Essen hatten wir hier noch
die Gelegenheit, einen ausgesprochen tollen Sonnen-
untergang sehen und fotografieren zu können. Die
Sonne selber sah man zwar nicht mehr, denn sie war
bereits hinter dem kleinen Gebirgszug im Westen un-
tergegangen. Aber die wenigen weißen Wolken strahl-
te sie wunderbar an, und so erschienen diese in den
tollsten Orange- und Rottönen. Die Belichtungszeit
war entsprechend lang, und so wirkt der See auf den
Bildern fast wie zugefroren. Wieder einer dieser fast
surrealen Anblicke, die es in diesem fantastischen
Land zuhauf gibt. Die dunklen Wolken, die bei unserem Halt am Suidhe Viewpoint am Horizont aufgetaucht waren, hatten sich inzwischen alle wieder ver-
zogen.

Das letzte Foto hat den Zeitstempel 21:40 Uhr, was
20:40 Uhr Ortszeit bedeutet. Schnell wurde es nun
dunkel und wir traten die Heimfahrt zu unserem der-
zeitigen B&B an. Es war wieder ein toller Tag mit vie-

len Eindrücken, manchmal gefährlich aussehenden Wolken, aber keinem Tropfen Regen. Dafür mit einem tollen Bilderbuch-Sonnenuntergang der seinesgleichen sucht.

Koordinaten:

N57.1929	W3.8288	Café „The Coffee Pot" und Shortbread-Laden in Aviemore
N57.1608	W3.8797	Alvie-Church
N56.8897	W4.6733	Laggan Staudamm
N57.1542	W4.6042	Loch Tarff
N57.1594	W4.5648	Suidhe Viewpoint
N57.3820	W4.3330	The Dores Inn

Tag 8

Dienstag, 6. September 2016. 269 km gefahren.

Tagesprogramm:

- Dunrobin Castle
- Helmsdale
- Dunnet Head
- John o'Groats

Heute sollte die Reise weitergehen, entlang der Ostküste der Highlands bis an den nördlichen Rand des
Festlandes und damit auch gleichzeitig an den nördlichen Rand der britischen Insel. Unser erster Halt war
heute bei Dunrobin Castle.

Dieses Schloss ist der Herrensitz des Clan Sutherland,
es ist das größte Wohngebäude in den nördlichen
Highlands und Familiensitz des Earl of Sutherland.
Die Geschichte des Schlosses geht zurück bis ins Mit-
telalter, doch der Großteil des heutigen Gebäudes und
Gartens wurde zwischen 1835 und 1850 hinzugefügt.
Hier haben wir eine Führung mitgemacht, auf der
aber fotografieren leider nicht erlaubt war.

Zur Geschichte des Schlosses

*Dunrobin Castle wurde mitten in der Zeit gebaut, in der
das Stammes- und Clanwesen seine Hochzeit in
Schottland hatte. Robert the Bruce gründete den Clan
Gordon, der in Huntly seinen Anspruch auf die Krone
unterstützte – der Clan wurde bereits bei der Beschreibung von Huntly Castle erwähnt. Die Grafschaft ging im
16. Jahrhundert an die Gordon-Familie über, als der
achte Earl of Sutherland seine Tochter Elizabeth zur
Heirat an Adam Gordon übergab. Nachdem der achte
Earl 1508 starb, war Elizabeths älterer Bruder offizieller
Erbe des Titels. Aber eine gerichtliche Verfügung, die
die Gordons gegen ihn und seinen jüngeren Bruder er-
wirkt hatten, bewirkte, dass das Eigentum an dem
Grundstück und Schloss 1512 an Adam Gordon über-
ging.*

*Im Jahr 1518 wurde das Schloss während der Abwe-
senheit von Adam Gordon durch Alexander Sutherland
eingenommen, der ja legitimer Erbe der Grafschaft von
Sutherland war. Den Gordons gelang es aber schnell,*

das Schloss wieder zu übernehmen. Sie fingen Alexander und steckten seinen Kopf auf einen Speer, den sie auf der Spitze des Schlossturms platzierten. Alexanders Sohn John verübte 1550 einen Anschlag auf das Schloss, wurde dabei aber im Schlossgarten umgebracht. Während des friedlicheren 17. Jahrhunderts wurde der Wehrturm um ein großes Wohnhaus erweitert.

Während des Jakobiteraufstands von 1745 stürmten die Jakobiter unter Charles Edward Stuart das Schloss ohne Vorwarnung, weil der Clan Sutherland die Britische Regierung unterstützte. Der 17. Earl of Sutherland, der seinen Namen von Gordon in Sutherland hatte ändern lassen, entkam nur knapp, indem er durch eine Hintertür aus dem Schloss floh. Er ging nach Aberdeen wo er der Armee des Duke of Cumberland beitrat. Beim Tod des 18. Earl of Sutherland im Jahr 1766 ging der Besitz des Anwesens an dessen Tochter Elizabeth über. 1785 wurde das Haus erneut erweitert und umgebaut.

Zwischen 1835 und 1850 wurde das Schloss von Sir Charles Barry für den zweiten Duke of Sutherland im schottisch-freiherrlichen Stil umgestaltet. Barry war auch der Architekt, der für den Wiederaufbau des Palace of Westminster (bei einem Großbrand 1834 fast vollkommen zerstört) verantwortlich war und damit ein sehr beschäftigter Mann. Die Türme des 14. und 17. Jahrhunderts sowie die Erweiterungen aus dem 18. Jahrhundert blieben erhalten und überlebten inmitten von Barrys Arbeit aus dem 19. Jahrhundert. Dies ist auch der Grund dafür, dass Dunrobin Castle von jeder Seite anders aussieht – hier existieren einfach viele verschiedene Epochen nebeneinander in ein und demselben Gebäude.

1870 wurde Dunrobin Castle Bahnhof an der Far North Line der Eisenbahn als Privatbahnhof des Schlosses eröffnet. Der Wartesaal wurde 1902 errichtet. 1915 wurde das Schloss als Marine-Krankenhaus genutzt, als *ein Feuer viel der inneren Einrichtung vernichtete. Das Feuer beschränkte sich allerdings weitestgehend auf die von Barry vorgenommenen Erweiterungen. Am Ende des 1. Weltkriegs wurde der schottische Architekt Sir Robert Lorimer engagiert, um das Haus zu renovieren. Als der 5. Duke 1963 starb, ging die Grafschaft und das Haus an seine Nichte über, der momentanen Gräfin von Sutherland. Die Herzogswürde hingegen musste an einen männlichen Erben übergehen und fiel an John Egerton, Earl von Ellesmere. Zwischen 1965 und 1972 diente das Haus als Jungeninternat, in dem anfangs 40 Jungen und 5 Lehrer lebten.*

1973 wurden Haus und Grundstück für die Öffentlichkeit zugänglich gemacht, wobei allerdings Teile davon als Privatunterkunft für die Sutherland-Familie reserviert blieben und auch heute noch privat sind.

Ein weiteres Highlight hier ist neben dem Schloss die prachtvolle Gartenanlage, auf die man schaut, wenn man aus einem der Fenster in Richtung Osten blickt. Dahinter ist dann nur noch das offene Meer, also eine garantiert unverbaubare Lage. Kompliment an den damaligen Architekten, er wusste was er tat. Beeindruckt hat uns in dem Garten auch die Ansammlung von Riesenrhabarber-Pflanzen, auch bekannt als Mammutblatt, dessen Blätter eine Fläche von einem Quadratmeter locker übertreffen. Die Gartenanlage wurde 1850 fertiggestellt. Architekt Sir Charles Barry wurde hierbei durch den französischen Stil beeinflusst, den man in den Gärten von Versailles sehen kann. Jedes Beet-Arrangement ist um einen runden Pool mit Springbrunnen angeordnet. Die gesamte Größe des Grundstücks umfasst 558 Hektar.

Im Eintrittspreis für das Schloss ist der Besuch der Gärten und der dort zweimal täglich stattfindenden Falkner-Show enthalten. Bei den Vorführungen werden Falken, Eulen, Bussarde und andere Greifvögel gezeigt. Dies ließen wir uns selbstverständlich nicht entgehen.

Blick vom Schloss in den Schlossgarten

Nach dem Besuch, der doch einige Stunden Zeit beanspruchte, fuhren wir weiter. In Helmsdale legten wir noch einen kurzen Stopp ein für einen kleinen Nachmittagstee, einen Besuch im Coop und ein kurzer Abstecher an den Hafen, um die dort vorhandenen Vögel zu füttern. Dann ging es weiter.

Um 16:30 Uhr erreichten wir Dunnet Head und damit den nördlichsten Punkt des britischen Festlandes, was jeder Besucher hier auf einer Art Gedenkstein nachlesen kann. Auch hier wieder: jede Menge Gegend und Landschaft, Einsamkeit und Ruhe, die nur durch die gegen die hohen Klippen schlagenden Wellen unterbrochen wird. Vom Dunnet Head aus kann man bei schönem Wetter die Orkney-Inseln sehen - und wir hatten mal wieder traumhaftes Wetter.

Bemerkenswert an dieser Stelle ist auch noch der Dunnet Head Leuchtturm. Er ist einer von mehr als 200 Leuchttürmen, die an Schottlands wilder Küstenlinie errichtet wurden. Sie werden vom Northern Lighthouse Board betrieben und gewartet. Sie warnen Schiffe vor gefährlichen Gewässern und sorgen für eine sichere Fahrt. Durch den automatisierten Betrieb sind einige Nebengebäude überflüssig geworden, ebenso der ehemalige Maschinenraum. Diese Räume kann man für Hochzeiten oder andere Veranstaltungen mieten. Manchmal finden hier auch Ausstellungen lokaler Künstler statt[34].

Leuchttürme in Schottland

Der Dunnet Head Leuchtturm ist zwar nur 20 Meter hoch, steht aber 105 Meter über dem Meeresspiegel und markiert den nördlichsten Punkt des schottischen Festlands – etwa 2,35 Meilen nördlich von John o'Groats. Nur 6,75 Meilen entfernt über den Pentland Firth liegt der am nächsten gelegene Punkt der Orkney-Inseln. Der Leuchtturm wurde von Robert Stevenson entworfen und 1831 erbaut. Der relativ hohe Standort bedingt, dass der Leuchtturm schon von Weitem aus gesehen werden kann. Er schützt natürlich nicht vor den zerstörerischen Kräften der legendären schottischen Winde. Es soll wohl hier seit Bestehen des Leuchtturms schon mehrfach vorgekommen sein, dass besonders heftige Wellen und Stürme die an der Steilküste vorhandenen Steine und Felsbrocken so hoch geworfen hatten, dass diese Teile der Glasverkleidung des Leuchtfeuers zerstörten.

Ein Leuchtturmwärter und zwei Assistenten mit ihren Familien lebten in Dunnet Head bis zum 31. März 1989, als die Leuchten automatisiert wurden. Der Beruf des Leuchtturmwärters war eine abgelegene, einsame und harte Existenz. In der Nacht musste der Wärter den Leuchtraum beobachten, um sicherzustellen, dass das Licht funktionierte und auch in der richtigen Art blinkte, die dem Charakter des Leuchtturms entsprach. Und während des Tages waren die Wärter mit Reinigungs- und Malerarbeiten und generell damit beschäftigt, das Gebäude sauber und intakt zu halten.

Heute arbeitet das Licht automatisch. Wenn das Tageslicht zwischen definierten Werten ab- und zunimmt, schaltet ein Lichtsensor das Leuchtturmfeuer an und aus. Das Licht wird 24 Stunden am Tag von einer entfernt liegenden Zentrale überwacht und einmal im Jahr gewartet, wenn die Techniker des Northern Lighthouse Board den Turm besuchen.

Über 150 Jahre lang entwarfen Robert Stevenson und seine Nachfahren die meisten Leuchttürme in Schottland. In ihrem Kampf gegen die Gezeiten und die Elemente haben die Stevensons Wunderwerke der Ingenieurskunst konstruiert, die sich über all die Jahre bewährten – eine erstaunliche, historische Errungenschaft. Teil der talentierten Familie von Robert Stevenson, nämlich sein Enkel, war auch der bekannte Schriftsteller Robert Louis Stevenson. Es heißt, dass Besuche mit seinem Vater bei abgelegenen Leuchttürmen ihn zu den Geschichten „Entführt oder Die Abenteuer des David Balfour" und „Die Schatzinsel" inspiriert hätten.

Ein Stück weiter landeinwärts hinter dem Leuchtturm erhebt sich ein Hügel, auf dessen Kuppe eine kleine, gemauerte Aussichtsplattform gebaut wurde. Durch einen kurzen Spaziergang gelangt man dorthin, wo man dann auch auf installierten Tafeln nachlesen kann, was man in welcher Richtung sieht. Der Ausblick von hier ist bei gutem Wetter fantastisch.

Dunnet Head Lighthouse. Im Hintergrund die Orkney-Inseln.

Vom Dunnet Head aus Richtung Osten nach John o'Groats kommt man unmittelbar am Castle of Mey vorbei. Das Schloss war 50 Jahre lang der Wohnsitz von Elizabeth Bowes-Lyon, Herzogin von York, später Königin Elizabeth von England – der Mutter der jetzt regierenden Königin Elizabeth II. Hier haben wir mangels Zeit allerdings keine Führung mitgemacht. Es reichte nur für ein Foto des Schlosses von außen.

Danach haben wir leider etwas Zeit damit vertan, nach einer Unterkunft zu suchen. Heute war der erste Tag, an dem wir keinen Anlaufpunkt, also kein vorher gebuchtes B&B hatten. Es war zwar keine Hauptreisezeit mehr, doch die Suche gestaltete sich schwieriger als erwartet, vor allem hier in dieser dünn besiedelten Gegend. Selbst in einem Hotel, welches ich zu Hause bei den Reisevorbereitungen gefunden hatte, wurden wir abgewiesen, da leider kein Zimmer mehr frei war. Schließlich fanden wir nach mehreren Fehlversuchen ein nettes B&B, direkt an der A836, was sich hier nicht störend bemerkbar machte, denn hier fahren wirklich nicht viele Autos.

Erleichtert nicht im Auto übernachten zu müssen ging es nun noch weiter nach John o'Groats, wo wir eigentlich zu Abend essen wollten. Bei unserer Ankunft wurden im einzige Restaurant dort leider gerade die Stühle auf die Tische gestellt. Es war 19 Uhr Ortszeit und wie schon ganz am Anfang erwähnt sind die Schotten nicht gerade bekannt für spät eingenommenes Essen (ganz anders als in Italien, wo man in der Regel wieder weggeschickt wird, wenn man es wagt ein Restaurant vor 19 Uhr zu betreten). So machten wir hier nur ein paar Fotos und sahen uns den kleinen Hafen an, in dem neben zwei kleinen Fischerbooten auch eine etwas größere Fähre zu den Orkney-Inseln vor Anker lag und auf den nächsten Morgen wartete. Recht überrascht waren wir, als sich plötzlich der Kopf eines Seehundes im Hafenbecken aus dem Wasser hob, uns eine Weile neugierig anguckte und dann wieder untertauchte. Dass es hier Seehunde gibt ist bekannt. Dass sie allerdings bis in die Häfen schwimmen war uns nicht bewusst.

Robbe oder Seehund?

Biologisch gesehen werden Robben in drei Familien unterteilt. Die Walrosse sind dabei die größten Vertreter. Deren Männchen können bis zu 3 ½ Meter lang werden und ein Gewicht von über einer Tonne erreichen. Walrosse wird man aber in Schottland nicht sehen, denn sie kommen nur im kalten Nordmeer vor. Neben den Walrossen gibt es noch die Familie der Ohrenrobben, bei denen die Männchen immerhin noch eine halbe Tonne Gewicht erreichen können.

Die an der schottischen Küste auftretenden Robben gehören zur Familie der Hundsrobben. Die Vertreter dieser Familie an der britischen und teilweise auch an der deutschen Küste sind Seehund und Kegelrobbe. Seehunde haben einen eher runden, Kegelrobben einen spitz zulaufenden Kopf.

Alles in allem gehört John o'Groats aber nicht unbedingt auf die Liste der Orte, die man unbedingt auf einer Schottlandreise gesehen haben muss. John o'Groats liegt ziemlich weit im Norden Schottlands, woraus man in diesem Dorf irgendwann ableitete, hier wäre überhaupt der nördlichste Punkt auf dem Festland. Diese Behauptung ist falsch, den nördlichsten Punkt haben wir vorhin bereits kennengelernt: es ist der Dunnet Head. Trotz der „Falschaussage" weht es hier jedes Jahr viele Touristen in den kleinen und nicht unbedingt schönen Ort, dessen Name auf den niederländischen Seefahrer Jan de Groot zurückgeht, welcher hier um 1500 eine Fährlinie zwischen diesem Punkt und den Orkneys betrieb.

Langsam war es wieder einmal soweit und die Nacht eroberte die Herrschaft über den Tag zurück. Der Seehund in dem kleinen Hafen war das Highlight dieses Ortes. Da man uns hier nichts zu Essen anbieten wollte, beschlossen wir, zurück in Richtung unserer heutigen Unterkunft zu fahren. In dessen Nähe hatten wir am Nachmittag bei der Suche nach einem B&B ein Hotel mit Restaurant entdeckt, das wir nun ansteuerten. Hier bekamen wir tatsächlich noch etwas zu Essen, obwohl es schon fast 20 Uhr war. Es geht also doch!

Koordinaten:

N57.9820	W3.9455	Dunrobin Castle
N58.6715	W3.3757	Dunnet Head
N58.6373	W3.0688	John o'Groats
N58.6471	W3.2245	Castle of Mey

Tag 9

Mittwoch, 7. September 2016. 198 km gefahren.

Tagesprogramm:

- Ham Harbour
- Dunnet Bay
- Thurso
- Strathy-Point
- Kinlochbervie

Beim Frühstück trafen wir einen US-Amerikaner, der ein anderes der drei Zimmer bewohnte, die dieses B&B anbot. Er war sehr aufgeschlossen, stellte sich vor, erzählte ein wenig und hatte offensichtlich jede Menge Kohle: als Leihwagen hatte er sich einen Audi A6 zugelegt - ein Auto, welches mir auf diesen engen Straßen viel zu groß gewesen wäre. Aber er brauchte es scheinbar nur, um von einem Golfplatz zum nächsten zu fahren, denn das Golfspiel war der eigentliche Zweck seiner Reise. Tatsächlich ist ganz Britannien ein Eldorado für Golfspieler. Hier gibt es kaum eine größere Ansiedlung ohne Golfplatz und Golf wird auch nicht als so elitärer Sport angesehen wie in Deutschland. Bei dem Wind der hier manchmal vorherrscht, muss Golf allerdings schon eine große Herausforderung sein. Wir haben es nicht probiert und so nehmen wir mal an, dass diese Aussage stimmt.

Für den heutigen Tag war die Reise an der Nordküste entlang Richtung Westen bis Durness geplant. Allerdings hatten wir auch dort noch keine Unterkunft gebucht. Unser freundlicher Vermieter empfahl uns, in Thurso in der Touristeninformation vorab ein Zimmer zu buchen. Das wäre sicherer als bis zum Ziel zu fahren und dann eventuell nichts Passendes zu finden. Er beschrieb noch wo die genannte Tourist-Information lag und dann verabschiedeten wir uns.

Auf dem Weg nach Thurso machten wir noch an zwei Orten Halt: am Ham Harbour und an der Dunnet Bay.

Ham Harbour ist ein alter, aufgegebener Hafen. Um dorthin zu kommen verlässt man die A836 Richtung Norden an der entsprechenden Stelle (Schild nach Ham und Dunnet Head). Auf einer kleinen Single Track Road geht es zunächst schnurgerade, vorbei an einer Schule (dem einzigen Gebäude) und dann wieder vorbei an Feldern, bis man in einer Rechtskurve an einem größeren, alten, verlassenen Gebäudekomplex vorbeifährt. Teile davon sind bereits eingefallen und wurden von der Natur in Form von grünen Büschen zurückerobert. Es handelt sich hierbei um die Ham Mill, eine alte, wassergetriebene Getreidemühle aus dem frühen 18. Jahrhundert. Sie ist ein wichtiges Beispiel für die Bauweise von landwirtschaftlich genutzten Gebäuden aus dieser Epoche. Auch ist sie ein Beispiel für die historische Bedeutung des Getreidehandels von damals. Leider ist die Mühle in einem sehr schlechten Zustand. Dass es sich um eine Mühle handelt, habe ich erst nach unserer Reise bei den Recherchen zu diesem Buch herausgefunden.

Direkt nach der Rechtskurve liegt vor einem der Ham Harbour. Hier kann man aber nicht parken. Stattdessen geht die Fahrt noch etwa 100 Meter weiter, über einen kleinen Bach, bis zu einem größeren Wohngebäude, dem Ham Farm House, welches ebenfalls aus dem 18. Jahrhundert stammt. Die Farm ist immer noch in Betrieb und, anders als die Mühle, auch in einem gutem Zustand. Natürlich wurde sie im Lauf der Zeit auch mehrfach renoviert.

Von hier läuft man rechts an der Farm vorbei und biegt dann direkt hinter der Mauer und durch ein Gatter links in einen Feldweg ab, welcher direkt zum alten Hafen führt. An dieser Stelle sollte man noch einmal in Richtung Ham Mill sehen. Der kleine Bach, über den die Straße führte, wird von einem Teich gespeist, dessen Abfluss sich über eine kaskadenartige Treppe in den Bach ergießt. Der Bach mündet dann am Hafen ins Meer.

Doch zurück zum Hafen. Obwohl er seit langer Zeit außer Betrieb ist, kann man die alten Mauern noch gut erkennen. Doch die dauerhaft gegen die Struktur des Hafens arbeitende See zerstört mehr und mehr der alten und seit Jahren nicht mehr genutzten Anlage. Zwar war der Hafen in einer natürlichen Bucht angesiedelt, doch dauerhaft konnte auch diese ihn nicht vor dem Verfall retten.

Die Kaimauern waren aus einzelnen Steinplatten aufgebaut, jede davon zwischen zehn und 20 Zentimeter dick. Das Baumaterial stammte von den Klippen in der Nähe. An den kleinen Steilhängen rings um den Hafen erkennt man gut die schieferartige Struktur des Gesteins. Der gesamte Bereich ist übersät mit diesen Steinplatten, aus denen nicht nur die ehemaligen Befestigungen und Mauern aufgebaut sind, sondern die auch eine wichtige Handelsware darstellten. Sie wurden im Ham Harbour auf Schiffe verladen und brachten als Gehwegplatten und Baumaterial gutes

Geld. Die andere, wichtige Handelsware, die in diesem Hafen umgeschlagen wurde, war natürlich das Getreide aus der Ham Mill.

Ham Harbour bei Ebbe

Man muss beim Laufen aufpassen, dass die Platten nicht unter einem wegrutschen. Wanderschuhe sind deshalb empfehlenswert. Der Hafen ist ein interessanter Ort für eine Besichtigung, da viele Details seiner Konstruktion durch das jahrelange Einwirken des Meeres an den noch vorhandenen Mauern freigelegt wurden.

Es heißt, hier im ehemaligen Ham Harbour soll im Sommer dauerhaft eine Seehundkolonie leben. Diese konnten wir nicht ausmachen, aber ein paar vereinzelte Seehunde sahen wir tatsächlich im Wasser schwimmen. Daneben gab es jede Menge Vögel, schöne Muscheln und einen Schmetterling zu entdecken und zu fotografieren.

Dunnet Bay, unser nächster Halt, ist eine Bucht südlich von Dunnet Head, wo wir am Tag zuvor waren.

Hier gelang es uns, ein paar Oystercatcher zu beobachten. Der Oystercatcher ist ein Vogel, vielleicht so groß wie eine Taube, schwarz und weiß mit einem auffällig langen und roten Schnabel. Er kommt wohl an vielen Küstenabschnitten in ganz Europa vor. Wir hatten bislang allerdings noch keinen außerhalb Schottlands entdeckt. Ein Foto des Vogels finden Sie auf der ersten Seite dieses Kapitels.

Nach der Dunnet Bay ging es schließlich nach Thurso, der größten Stadt der Grafschaft Caithness, in der wir uns hier befinden. Das klingt nach Großstadtlärm und Hektik, aber weit gefehlt: Thurso hat noch nicht einmal 8.000 Einwohner. Dafür eine Strandpromenade und eine nette Altstadt mit Cafés und kleinen Geschäften. Sogar ein Musikgeschäft ist dabei, das „Pentland Music". Wer also im Schottland-Urlaub dringend eine Gitarre oder ein Schlagzeug braucht, wird hier fündig.

Die Touristeninformation heißt in Schottland „Visit Scotland"[35]. Mit der Beschreibung, die uns unser letzter Vermieter gegeben hatte, konnten wir Visit Scotland in Thurso schnell finden, denn sie befindet sich zusammen mit dem Museum „Caithness Horizon" in der Townhall. Eine Dame hinter dem Tresen fragte uns, was sie für uns tun könne. Wir nannten ihr unsere Wünsche nach einer Unterkunft in oder bei Durness, wurden aber erst einmal auf später vertröstet. Denn sie hatte alle Hände voll zu tun, entsprechend viele Unterkünfte für eine Gruppe Japaner aufzutreiben, die ohne Voranmeldung vor einigen Minuten hier aufgetaucht waren. So vereinbarten wir, dass wir uns ein wenig den Strand und die Stadt anschauen und dann wiederkommen wollten, denn ein Besuch der Stadt stand sowieso auf unserem Programm.

Nach einem kleinen Spaziergang und einer Einkehr in einem der Innenstadtcafés suchten wir wieder Visit Scotland auf. Jetzt hatte die Dame Zeit für uns.

Wo wir hin wollten – ja, eigentlich nach Durness, das ist die letzte Ortschaft ganz im Nordwesten. Die Dame hinterm Tresen fing fleißig an in ihren Computer zu schauen, zu tippen und einige Telefonate zu führen. Eine Unterkunft dort aufzutreiben gestaltete sich schwieriger als erwartet und wir waren froh, dass sich jemand für uns darum kümmerte. Schließlich fand sie eine Unterkunft in Kinlochbervie, die wir ohne viel nachzudenken und ohne Rückfragen annahmen. Kinlochbervie liegt 30 Kilometer hinter Durness und war somit in unserem Zielgebiet für kommende Nacht. Ein paar Pfund für den Buchungsservice sowie eine Anzahlung von 15 Prozent zahlten wir gern. Außerdem noch 20 Pfund für ein Plüsch-Highland-Rind, so etwas muss natürlich auch mal sein. Kurz darauf, beim nächsten Halt, sahen wir tatsächlich zwei Vertreter dieser hübschen, langhaarigen Rinderrasse auf einer Wiese. Sie lagen allerdings nur teilnahmslos herum und scherten sich nicht die Bohne darum, dass wir in der Nähe waren.

Der nächste Punkt der Reise war Strathy, wo wir die Straße in Richtung Norden kurz verließen, um den Strathy-Point zu besichtigen. Strathy-Point ist eine Landzunge mit toller Aussicht und hohen, von Wetter und den Gezeiten zerklüfteten Klippen. Man kann bis ca. einen Kilometer vor der Spitze der Landzunge mit dem Auto fahren. Den Rest der Strecke legt man zu Fuß zurück. Am Ende findet sich dann ein Leuchtturm, das Strathy-Point Lighthouse. Der Leuchtturm war der erste in ganz Britannien, der nur elektrisch betrieben wurde. Er wurde erst 1958 gebaut, ist mittlerweile aber nicht mehr aktiv. Damals füllte er aber eine lange Zeit bestehende, dunkle Lücke an der Nordküste.

Felsentor, von der Brandung umspült

Vom Strathy-Point aus soll man gut Vögel und Wale beobachten können. Wale haben wir natürlich mal wieder keine gesehen, Vögel aber jede Menge. Dazu einen kleinen Frosch und etliche Schafe. Diese klettern hier zwischen den Felsen herum, nur wenig entfernt von den Absturzkanten. Aus diesem Grund weist auch ein Schild am Anfang darauf hin, dass man keine Hunde weiter als bis zu einem bestimmten Punkt mitnehmen darf, denn die Schafe neigen dazu, bei Panik loszurennen und dann über die Klippen zu stürzen.

Das Wetter war heute etwas diesig, es hatte zuvor auch etwas geregnet. So war es um die Fernsicht heute leider nicht so gut bestellt wie gestern. Aber allein oben auf der Landzunge zu sitzen und nach unten zu schauen und zu beobachten, wie die Wellen das Wasser durch Felslöcher drücken und gegen die Klippen werfen ist sehenswert. Das Lighthouse selber kann man nicht besichtigen, da es sich in Privatbesitz befindet.

Durch etliche nun aufziehenden Nebelschwaden gingen wir zurück zum Auto und setzten unsere Reise fort. Vorbei am Loch Eriboll ging die Fahrt weiter. Loch Eriboll ist ein sehr tiefer Meeresarm, der sich etwa 16 km weit ins Land hinein erstreckt. Bedingt durch die Tiefe erscheint das Wasser hier sehr dunkel. Die Royal Navy hatte hier über viele Jahre hinweg einen Stützpunkt, besonders im zweiten Weltkrieg war dieser Platz von strategischer Bedeutung für die U-Boot-Flotte, die hier dank des 60 Meter tiefen Wassers tauchen konnte. Auf einer kleinen Halbinsel sieht man von der Straße aus etwas, das an einen großen Bunker erinnert. Dies allerdings ist kein Bunker, sondern ein alter Kalkofen von 1870. In ihm wurde früher Kalkstein zu gebranntem Kalk verarbeitet, der für Baustoffe und zur Bodenentsäuerung eingesetzt wurde.

In Durness wollte ich gern einen Tag verbringen, aber das hat zeitlich leider nicht geklappt. Es wäre schön gewesen, direkt in Durness eine Unterkunft zu finden, aber es sollte nicht sein. Naja, wir kommen ja wieder.

Wir befinden uns nun im District Sutherland, in der Region Highland. In Sutherland leben nur rund 13.000 Menschen auf einer Fläche von 5.252 Quadratkilometern. Das sind weniger als 2,5 Einwohner pro Quadratkilometer und damit ist die Bevölkerungsdichte sogar noch kleiner als in Island (3,1 Einwohner pro Quadratkilometer). Sutherland zählt damit tatsächlich zu den am wenigsten besiedelten Gebieten in ganz Europa. Die dünne Besiedlung dieses Gebiets ist noch immer die Nachwirkung der sogenannten Highland Clearances Ende des 18. Jahrhunderts. Hierbei wurde die ansässige, vorwiegend gälischsprachige Bevölkerung aus ihrer Heimat, dem schottischen Hochland vertrieben. Diese Clearances wurden von den Gutsherren vorangetrieben, und zwar zugunsten der Schafzucht, für die große Weideflächen benötigt wurden. Noch heute erinnern in vielen Gebieten der Highlands Fragmente und Mauerreste ehemaliger Wohngebäude aus dieser Zeit an die Highland Clearances.

Kinlochbervie ist ein Hafenstädtchen mit gerade einmal etwa 500 Einwohnern, was in dieser Gegend allerdings schon als große Ansiedlung gilt. Kinlochbervie liegt etwas abseits der A838. Diese verlässt man in Richtung Westen und fährt noch ein paar Meilen. Die Gegend hier ist durchaus sehenswert, direkt an einem großen Meeresarm, dem Loch Inchard gelegen. Entlang der Straße wechseln sich Hügel, einzeln stehende Häuser, Weiden und immer wieder Ausläufer des Meeresarms einander ab. Die Gegend hier ist wirklich geprägt von jeder Menge Platz und wenigen Menschen.

Fischerei und Tourismus zählen hier zu den wesentlichen Wirtschaftszweigen. Der Fischereihafen von Kinlochbervie ist ein wichtiger Umschlagplatz für Fische. Hier werden die Fänge auf große Kühllaster geladen und nach ganz Europa verteilt.

Das Bed & Breakfast, das uns in Thurso ausgesucht wurde, konnte mit unseren bisherigen Unterkünften leider gar nicht mithalten. Es befand sich in einem Reihenhaus und wer britische Reihenhäuser kennt wird bestätigen: das sind wirklich Schuhschachteln! Im Erdgeschoss wohnten die Eltern der Familie, im 1. Stock hatte die Tochter des Hauses ein Zimmer und zwei weitere Mini-Zimmer wurden als Gästezimmer angeboten. Für die Gäste dieser beiden Zimmer gab es ein Gemeinschafts-Bad, ebenfalls im Obergeschoss. Das Ganze kostete dann £72 pro Nacht. Zusammen mit der Gebühr, die wir bei Visit Scotland für den Reservierungsservice bezahlt hatten, waren wir fast bei demselben Betrag, den wir in The Old Kirk bezahlt hatten. Nun ja, es war glücklicherweise nur für eine Nacht.

Zugutehalten muss man dem B&B allerdings, dass auf seiner Homepage sowohl Bilder von den Zimmern und vom Bad zu finden sind, als auch dass ein Hinweis auf das Gemeinschaftsbad sowie Zimmerpreise angegeben sind. Hätte ich das B&B bei der Suche zu Hause entdeckt, wäre es aufgrund dessen wieder von meiner Liste gefallen. Wieder ein Grund mehr, die Zimmerbuchung erstens vorab und zweitens vollständig für jede Nacht der Reise durchzuführen. Man spart sich so doch Überraschungen. Wir fuhren noch einmal los um in einem Restaurant zu Abend zu essen. Dann zogen wir uns bald auf das recht enge Zimmer zurück und gingen schlafen. Die fast 200 Kilometer im Auto waren auf den teilweise sehr engen Straßen heute doch recht anstrengend, aber wie immer auch sehenswert.

Koordinaten:

N58.6440 W3.3115	Ham Harbour
N58.5944 W3.3760	Dunnet Bay, Parkplatz mit Blick auf viele Oystercatcher
N58.5983 W4.0183	Strathy-Point Lighthouse
N58.4972 W4.6586	Aussichtspunkt auf Loch Eriboll

Tag 10

Donnerstag, 8. September 2016. 146 km gefahren.

Tagesprogramm:

- The Little Soap and Candle Company

- Stoer Head

- Lochinver

- Ullapool

Als Ausgleich für den beengten Raum und das Grup-
pen-Badezimmer war das Frühstück gut und reichhal-
tig. Hierbei lernten wir dann auch die Bewohner des
zweiten Zimmers kennen, ein nettes Studentenpär-
chen aus der Schweiz. Sie waren wie wir schon eine
Weile mit dem Mietwagen unterwegs und wollten
heute ebenfalls weiterziehen. Nach dem Frühstück
packten wir unsere Sachen ins Auto, bezahlten das
Zimmer und machten uns auf die Weiterreise. Unser
heutiges Etappenziel war die Hafenstadt Ullapool. Es
waren lediglich ca. 150 km Autofahrt, doch sollte es
auch heute wieder einiges zu Sehen, zu Entdecken und
zu Staunen geben.

Zunächst ging
es von Kinloch-
bervie zurück
auf die A838
und dann
weiter in Rich-
tung Süden. An
der Stelle, an
der die Nebenstraße nach Kinlochbervie auf die A838
trifft, haben wir unsere bisher kleinste Polizeiwache
gesehen. Sie bestand aus einem vielleicht 3 x 5 Meter
großen Haus, einem noch kleineren Nebengebäude
links davon und einer Garage für ein Auto rechts
davon. An der Tür ein Schild, welches sinngemäß besagte: Wenn niemand öffnet, dann bin ich gerade
irgendwo in den Highlands auf Streife. Dann einfach

anrufen. Natürlich musste auch diese Polizeiwache fotografiert werden, bevor wir weiterfuhren.

In der Nacht hatte es geregnet, doch der Regen hatte nun aufgehört, auch wenn der Himmel wolkig war. Schnell waren wir an der Laxford Bridge, wo wir rechts auf die A894 abbogen. Durch die wunderschöne, einsame, hügelige Landschaft mit lila Heidekraut und jeder Menge anderer Blumen, kleineren Seen und größeren Meeresarmen, Felsenwänden, saftigen Wiesen, ab und zu kleinen Wohnhäusern und natürlich auch dem einen oder anderen Schaf ging es auf der verschlungenen Straße bis zur Kylesku-Bridge, einer Brücke über einen breiten Meeresarm. Hier soll es übrigens ein erstklassiges Seafood-Restaurant geben, und zwar das Kylesku-Hotel[36]. Davon habe ich aber erst nach unserer Reise erfahren. Die Adresse ist aber bereits notiert für den nächsten Schottland-Urlaub.

Kurz hinter Kylesku bogen wir rechts auf die B869 in Richtung Drumbeg ab. Waren die A838 und A894 schon nicht gerade das, was man gut ausgebaut nennen würde, so wurde es hier noch abenteuerlicher. Nun lernten wir erstmals echte Single-Track-Roads kennen. Links und rechts der Reifen waren bestenfalls noch 30 cm Platz auf dem Asphalt. Hier fährt man am besten einen Kleinwagen – der Corsa war dabei fast schon das obere Ende des Möglichen – oder einen Geländewagen. Einen richtigen Geländewagen natürlich, keinen neumodischen Vorstadtpanzer mit der Abkürzung SUV, die oft noch nicht einmal über einen All-radantrieb verfügen.

Alle paar hundert Meter gibt es Ausweichstellen auf den Single-Track-Roads, falls doch mal ein Auto in dieser einsamen Gegend entgegenkommen sollte. Man mag es kaum glauben, aber ab und zu ist uns das tatsächlich passiert. Die Ausweichstellen sind gekennzeichnet mit viereckigen, weißen Schildern mit der Aufschrift *Passing Place*. Aber richtig breit sind die Ausweichstellen oftmals auch nicht, so dass von zwei sich begegnenden Fahrzeugen schon mal eins mit zwei Rädern die Straße verlassen und auf die Wiese ausweichen muss. Die Freundlichkeit der Schotten macht sich übrigens auch hier bemerkbar. Wir haben es oft erlebt, dass wir am Horizont ein Auto erspäht und deswegen im nächsten passing place gehalten haben, um es passieren zu lassen. Dann geschah längere Zeit nichts. Als wir dann weiterfuhren, weil wir dachten, das andere Auto wäre abgebogen, stand dieses dann seinerseits in einer Haltebucht viel weiter hinten und wartete darauf, dass wir es passieren würden.

Beim Fahren muss man sich sehr konzentrieren, um auf der schmalen Straße zu bleiben. Aber schnell fährt man hier sowieso nicht, denn ständig muss man mit unverhofft auftauchenden Schafen rechnen, die, aus welchem Grund auch immer, nur Angst vor Menschen, aber nicht vor deren Autos haben. Solange die Menschen im Auto sitzen, scheinen sie für die Schafe keine Gefahr darzustellen. Es kann passieren, dass ein Schaf auf der Straße steht und sich partout nicht wegbewegen will. Erst wenn dann ein Mensch aus dem Auto aussteigt, ergreift es die Flucht.

Landschaft auf der Fahrt nach Drumbeg

Doch nun zurück zur Fahrt und der Landschaft, die auf der B869 immer urtümlicher wurde, je weiter nach Westen wir uns bewegten. Nach etwa zehn Meilen erreichten wir Drumbeg, ein kleines Dorf mitten im Nirgendwo. Hier besuchten wir „The Little Soap and Candle Company"[37], die es hier seit den späten 1990er Jahren gibt. Die „Company" besteht aus einem Holzhaus und einem überdachten Garten, letzterer nennt sich „The Secret Tea Garden". In dem Garten befinden sich Tische und Stühle, hier kann man Tee, Kaffee und andere Getränke genießen. Dazu gibt es auf Wunsch ein Stück leckeren, von der Eigentümerin selbst gebackenen Kuchen.

Der Hauptzweck des Geschäfts ist es aber, selbst hergestellte Drogerieprodukte zu verkaufen. Kaufen kann man diese direkt hier in dem Holzhaus, die Produkte werden aber mittlerweile auch über einen Online-

Shop weltweit vertrieben. Sie sind nicht billig, aber garantiert frei von künstlichen Konservierungsstoffen und von der Eigentümerin und ihrem Sohn handwerklich hergestellt. Das Produktspektrum umfasst Kerzen in Dosen und Gläsern, Seifen und Cremes, biologische Badezusätze und Körperlotionen, Geschenk-Sets sowie einige „limited editions" und „special collections". Im Shop selber werden nebenbei noch handgemachte Vogelhäuser, Holzschnitzereien und andere Dekoartikel verkauft.

Bei Tee und Kuchen genossen wir einen Moment Entspannung außerhalb des Wagens. Ein Schild an der Tür des Holzhauses sagte prinzipiell alles aus, worum es hier ging: „NO WiFi. NO mobile signal. RELAX! Eat cake, drink coffee, TALK to each other." Das taten wir auch. Leider war das Wetter heute nicht so schön und es gab ein paar Schauer. Das Plexiglasdach des Secret Tea Garden hielt diese aber erfolgreich ab. Nach Tee und Kuchen kauften wir noch eine Flasche Body-Lotion und fuhren weiter.

Wieder etwa zehn Meilen Autofahrt lagen vor uns, bevor wir Stoer Head erreichten. Stoer Head ist die Spitze der Halbinsel Stoer, die das nordöstliche Ende der Meerenge „The Minch" zwischen dem Festland und den äußeren Hebriden markiert. Und wie auf vielen Landzungen steht auch hier ein Leuchtturm. Dieser, das Stoer Head Lighthouse, wurde 1870 von den Brüdern David und Thomas Stevenson gebaut. Der

Leuchtturm hat eine Höhe von nur 14 Metern. Da sich aber das Gebäude selbst 54 Meter über dem Meeresspiegel befindet, ist das Leuchtfeuer weit genug sichtbar.

Nähert man sich dem Lighthouse, so kann man vielleicht 30 Meter vorher ein durch eine alte Steinmauer abgegrenztes Grundstück sehen, auf dem die Ruine eines Hauses steht. Die Homepage des Stoer Lighthouse[38] klärt auf: wie bereits beim Dunnet Head Lighthouse berichtet lebten auch hier, bis zur Vollautomatisierung des Leuchtturms im Jahr 1978, das Bedienpersonal desselben.

Stoer Head Lighthouse, im Vordergrund die ehemaligen Stallungen der Leuchtturmwärter-Familien

Hier waren es der Leuchtturmwärter und ein Assistent, jeweils mit ihren Familien. Sie waren weitgehend Selbstversorger und was man heute weiter unten noch als Ruinen sehen kann, waren der Kuh- und Schweinestall, Scheune sowie der Wagenschuppen. Alles

wurde gebaut, um den beiden Familien ein weitgehend autarkes Leben direkt am Lighthouse zu er-
möglichen.

Die Kinder der Familien wurden anfangs in der Stoer
Public School unterrichtet, mussten aber später ein
Internat besuchen, da es im ganzen Distrikt Sutherland damals keine weiterbildenden Schulen gab. Die
Wohnungen der beiden Leuchtturmwärter-Familien
waren im Gebäude des Leuchtturms selbst untergebracht. Heute kann man diese als Ferienunterkunft
mieten. Nachdem sie entsprechende Modernisierun-
gen erfuhren stehen für Gäste nun zwei voll ausgestat-
tete Ferienwohnungen für Selbstversorger, eine im
Erdgeschoss und eine darüber liegende, zur Verfügung. Für £600 (Stand 2017) kann man hier jeweils
mit maximal vier Personen eine Woche wohnen.

Die schönen Sandstände am Stoer Beach, die toll
gelegenen Buchten und den „Old Man of Stoer" (nicht
zu verwechseln mit dem Old Man of Storr auf der Insel Skye), eine Felsnadel im Meer, haben wir nicht besucht. Der Wind pfiff an diesem Tag enorm stark, deswegen gab es nur ein paar Fotos der Gegend, von der
Anhöhe des Leuchtturms aus fotografiert.

Ein weiterer Ausflug, nicht weit entfernt vom Stoer
Head, führte uns an den Raffin Beach, ebenfalls auf
der Halbinsel Stoer gelegen. Hier hat man in einer
Holzhütte Infotafeln aufgehängt, die die nähere und
auch die fernere Geschichte des Ortes erklären. Die

nähere Geschichte ist in dem Fall der Kadaver eines Fin-Wals, der hier im Oktober 2007 angeschwemmt wurde, nachdem er sich in einem Tau verfangen hatte. Einen Knochen des Wals ließ man hier liegen, um den Besuchern die Größe dieser Tiere zu verdeutlichen. Und die fernere Geschichte besagt, dass auf der Halbinsel vor ca. 1,2 Milliarden Jahren ein Meteorit einschlug und einen Krater mit 10 km Durchmesser hinterlassen hat.

Wir unternahmen einen Spaziergang an den Strand, welcher für sich alleine schon wieder ein kleines Idyll darstellte. Der Weg dorthin führte vorbei an Binsengrasbüscheln, die vom Wind im Lauf der Zeit seltsam geformt waren. Weißer, feiner Sand am Strand sowie auf dem Weg dorthin. Etwas weiter im Wasser interessant geformte Felsen in Farbtönen von rot, braun und schwarz, teilweise mit gelb-orangenem Seetang überwuchert. Hinter dem Strand erheben sich sanfte Hügel mit ein paar vereinzelten Häusern darauf. Hinter einem Zaun eine kleine Herde friedlich grasender Rinder. Der Wind blies gemäßigt, aber kräftig genug, um ein paar schöne Wellen auf das Meer zu zaubern, die in rhythmischen Abständen einige Meter Sandstrand unter Wasser setzten, um in den Sekunden danach wieder abzufließen. Ein paar Minuten genossen wir auch diesen Anblick, dann spazierten wir langsam zurück zur Holzhütte, in dessen Nähe unser Auto geparkt war.

Raffin Beach auf der Halbinsel Stoer

Nun war es nicht mehr weit bis zum Ort Lochinver, in dem das „Caberfeidh Dining Pub" auf dem Plan stand. Einem Reiseführer war zu entnehmen, dass es sich hierbei um ein gern besuchtes Pub mit einer gewissen Berühmtheit handelte. Es hatte jedoch bis 17 Uhr geschlossen. Irgendwie waren die Öffnungszeiten von Pubs und Restaurants in Schottland in diesem Urlaub gegen uns. Wir fanden aber ein paar Meter weiter ein nettes Café.

In Lochinver fand sich auch eine Tankstelle, doch der Shop derselben war geschlossen. Ein Schild besagte, dass man auf eine darunter angebrachte Klingel drücken sollte. Kurz darauf kam aus einem Laden von der Straßenseite gegenüber eine Frau gelaufen, die uns die Zapfsäule freischaltete. Nahversorger und Tankstelle zugleich, aber auf gegenüberliegenden Straßenseiten. So lebt man hier. Nachdem wir den Wagen vollgetankt und bezahlt hatten, schloss die

Frau den Tankstellenladen wieder zu, verabschiedete sich und nahm ihre Arbeit als Verkäuferin in dem gegenüberliegenden Gemischtwarenladen wieder auf, was scheinbar ihre Hauptbeschäftigung war.

Was uns hier noch auffiel war eine Stromtankstelle für Elektrofahrzeuge. In Deutschland sucht man diese mancherorts noch vergeblich, zumindest in kleineren Orten. Hier in Lochinver ist man da schon fortschrittlicher eingestellt, obwohl dieser Ort nur etwa 600 Einwohner hat.

Wir verließen Lochinver südlich. Auf einer klitzekleinen Straße, die auf GoogleMaps nicht einmal mehr mit einer Nummer ausgezeichnet ist, ging es durch traumhafte Landschaft, vorbei an Inverkirkaig und vielen kleinen und größeren Lochs, bis wir irgendwann wieder auf die A835 stießen, die wir in Richtung Ullapool abbogen. Je weiter wir fuhren, desto mehr rissen die Wolken auf, und als wir kurz nach 17 Uhr Ortszeit in Ullapool ankamen, gab es sogar teilweise wieder blauen Himmel. Perfekt!

Ullapool liegt am Meeresarm Loch Broom. Es gibt einen Fähr- und Fischereihafen. Obwohl Ullapool nur ca. 1.500 Einwohner hat, ist die Stadt für die Region bedeutend. Sie ist nicht wie andere Städte historisch gewachsen, sondern wurde 1788 als Hafen für die Hering-Fischer von der britischen Fischerei-Gesellschaft gegründet. Der Hafen wird heute noch, natürlich in mittlerweile vergrößerter Form, von den Fischerbooten genutzt, dazu dient er als Yachthafen und von hier fahren auch die Fähren nach Stornoway auf den Äußeren Hebriden ab. Am Hafen selber erfährt man auf dort aufgehängten Tafeln etwas über die Geschichte der Stadt.

Ullapool

Nach archäologischen Kenntnissen wurde die Gegend schon seit der letzten Eiszeit von Menschen besiedelt. Runde Steintürme aus frühgeschichtlicher Zeit (sog. Brochs), Steinanhäufungen und Festungen aus der Eisenzeit sind noch heute verstreut in der Landschaft sichtbar und unterstreichen die Verbindung zur Landwirtschaft und Fischerei, weswegen sich die Menschen in dieser Region niedergelassen haben. Viele Namen von Plätzen und Orten, so auch Ullapool, haben nordischen Ursprung. Dies ist ein Erbe der Wikinger, die diese Region einst zu ihrer Heimat machten. Einzelheiten ihres Lebens wurden bei Straßenbauarbeiten in den 1950er Jahren in Form zweier Speckstein-Schüsseln entdeckt. Eine dritte Schüssel, die jetzt im Ullapool-Museum steht, wurde auf der Insel Tanera gefunden.

Die Stadt Ullapool selber wurde 1788 von der Britischen Fischerei-Gesellschaft gegründet. Der bedeutende Bauingenieur Thomas Telford war Berater bei der nun folgenden Entwicklung der Stadt und des Hafens. Die Hering-Industrie zog Investoren an und der neue Hafen und die Infrastruktur haben während der vielen Jahre sowohl Boomzeiten als auch Rezessionen erlebt.

Während des zweiten Weltkriegs zog es die Fischer von der Ostküste Schottlands hierher, weil es aufgrund von feindlichen Minen dort zu gefährlich geworden war. Nach dem Krieg sorgten moderne Technologien und neue Fangtechniken dafür, dass hier tausende Tonnen Heringe über den Hafen abgefertigt wurden. Der Hafen wurde erweitert, um mit der großen Anzahl hier anlegender Boote fertig zu werden. Schlangen von Lastwä-

gen konnte man damals in der Stadt warten sehen und viele Menschen arbeiteten am Hafen.

In den 1970er Jahren ankerten Schiffe aus dem Ostblock (bekannt als: die Klondyker), die direkt an Bord die Makrelen weiterverarbeiteten, welche danach von großen „Mutterschiffen" abgeholt und in die ganze Welt transportiert wurden. Diese riesige Flotte bestand aus Crews aus Russland, Polen, Ostdeutschland und anderen osteuropäischen Ländern, zusammen mit Schiffen aus Irland, Nigeria, Frankreich, Ägypten und Japan. Dies führte zu weiteren Ausbauten in der Hafenregion. Die Crews brachten dabei nicht nur den sehr begrüßten Handel nach Ullapool, sie gaben diesem Gebiet durch ihre Anwesenheit auch eine internationale Atmosphäre. Der Zerfall der Sowjetunion in den frühen 1990er Jahren führte zu einem Verfall der Fischpreise. Die Fabrikschiffe verließen die Gegend und hinterließen Loch Broom und die Bucht in ihrer von früher her bekannten, friedlichen Existenz.

Heute spielt der Hafen eine zentrale Rolle für die Passagier-, Auto- und Frachtfähren von Ullapool nach Stornoway. Um eine neue Fähre (die MV Loch Seaforth) hier aufnehmen zu können, wurde im Sommer 2014 der Hafen weiter ausgebaut, das Pier bekam eine 33 Meter lange Erweiterung, ein Passagier-Zugangssystem wurde installiert und das Terminalgebäude für den Fährdienst wurde erweitert.

Während des ganzen Jahres dient der Hafen einer inländischen Flotte von Garnelenfischern und Schleppnetzfischerbooten. Auch irische, spanische und Schiffe von der Ostküste legen hier an, die in den Fischgründen der Westküste und teilweise weit in den Atlantik hinein arbeiten. Freizeit-, Sport- und Kreuzfahrtschiffe gehen hier ebenfalls vor Anker.

Auf der Landkarte sieht Ullapool aus wie ein gleichseitiges Dreieck, dessen eine Spitze nach Südwesten in das Loch Broom hineinragt. Zu dieser Spitze führt eine Straße, die West Shore Street, auf deren einer Seite sich kleine, weiße Häuser aneinanderreihen, während auf der anderen Seite Strand ist. Und ganz am Ende der Straße, das letzte Haus, das war unser Hotel mit dem sprechenden Namen „House on the Point"[39] – das Haus an der Spitze (des Dreiecks).

Dort angekommen öffnete uns ein freundlicher Herr, der sich als Angus vorstellte. Auf seinem Kopf trug er ein an den Enden zusammengeknotetes Tuch. Dadurch und auch von seiner restlichen Erscheinung her erinnerte er ein wenig an einen Piraten. Aber an einen freundlichen Piraten, denn er war wirklich sehr nett.

House on the Point ist eine Mischung aus Bed and Breakfast und einem Hotel. Es hat nur drei Zimmer. Angus wohnt im Erdgeschoss, die Gästezimmer sind im 1. Stock untergebracht. Sie haben keine Nummern, sondern heißen gemäß ihrer Lage: North View, South View und West View. Ein East View-Zimmer gibt es nicht - da würde man auch nur in etwa einem Meter Entfernung die Wand des Nachbarhauses sehen.

Jedes Zimmer hat einen eigenen Kühlschrank, in dem man mitgebrachte Getränke oder auch Essen lagern kann. Keine Minibar wie sonst in Hotels üblich, sondern einen richtigen, kleinen Kühlschrank. Da das Hotel sehr klein ist, gibt es keinen Frühstücksraum. Stattdessen wird das Frühstück zu einem am Vorabend vereinbarten Zeitpunkt von Angus auf einem

Teewagen vor das Zimmer gestellt und mit einem zarten Klopfen angekündigt. Frühstücken kann man dann ganz bequem im Zimmer. Wenn man will natürlich auch im Bett. Für das gewohnte „cooked breakfast" eignet sich dieses Verfahren natürlich weniger. Tatsächlich war House on the Point auch unsere erste (und einzige) Station auf der gesamten Reise, bei der wir ein continental breakfast bekamen. Nach den Frühstücksmengen in den bisherigen Häusern war das hier aber mal ganz erholsam.

Alles im House on the Point ist in den maritimen Farben weiß und hellblau gehalten. Überall stehen kleine Dekoartikel wie Holzboote oder -fische herum. Alles ist mit sehr viel Liebe zum Detail arrangiert. Und an jeder freien Wand hängen großformatige, atemberaubend schöne Landschaftsaufnahmen von der Umgebung.

Angus, der ursprünglich aus der Nähe von London kommt, erklärte uns, dass er eigentlich Fotograf ist und das Hotel nur in der Sommersaison führt.  Von November bis Februar ist es für den „normalen" Touristen geschlossen und Angus gibt

Kurse in Landschaftsfotografie[40]. Man kann Tagestouren oder auch Mehrtagestouren bei ihm buchen, abhängig von der persönlichen Fitness und den eigenen Vorstellungen. Da Angus schon lange in Ullapool lebt, kennt er die besten Plätze für tolle Fotos. Auf Nachfrage verrät er sie auch bereitwillig, auch ohne dass man eine Tour bei ihm bucht. Eine Auswahl von etwa 100 seiner besten Fotos kann man auch direkt im Zimmer auf dem Flachbildfernseher ansehen. Jedes TV-Gerät verfügt über einen angesteckten USB-Stick, auf dem die Bilder gespeichert sind. Diese kann man auf Wunsch als Diashow anzeigen lassen.

Nachdem wir unseren Koffer ausgepackt hatten schlenderten wir entlang der hübschen Uferpromenade in Richtung Innenstadt. Ullapool ist klein und überschaubar, alles spielt sich auf einem Dreieck mit etwa 800 Meter Kantenlänge ab. Dennoch, oder gerade deshalb, weil Großstadthektik fehlt, ist es eine sehenswerte Stadt. Pubs und Restaurants sind hier reichlich vertreten, des Weiteren gibt es eine Halle für Ausstellungen und Events, ein kleines Museum, einen Buchladen, einen Hardware-Store (das ist eine Mischung aus Haushaltswarengeschäft und Baumarkt), einen Campingplatz, Bankfilialen und diverse weitere Geschäfte. Ullapool ist aber auch bekannt als Musikzentrum und Literaturtreff. Jedes Jahr im Mai gibt es das drei Tage dauernde Ullapool Book Festival, welches diverse Autoren und Verleger anzieht. Und während des gesamten Jahres gibt es kleinere Musikfestivals in den Hotels und Hallen der Stadt. Seit 2005 findet im September das Musikfestival „Loopallu" (Ullapool rückwärts geschrieben) statt, was für große Besucherströme aus der Umgebung und von weiter weg sorgt. Ullapool hat mit „Lochbroom FM" sogar eine eigene Radiostation[41].

Die Uhr von Ullapool

Direkt gegenüber dem prachtvollen Caledonian Hotel fällt der Blick auf eine reichlich verzierte Uhr auf einer Säule. Man sagt, dies sei die am meisten fotografierte Uhr in den gesamten Highlands. Die Uhr wurde im Jahr 1899 von Sir John Fowler of Braemore errichtet, im Gedenken an Söhne und Enkel desselben, die in Kriegen gefallen waren. Die Uhr stand zunächst mitten auf der Kreuzung. Im Jahr 1922 schenkte die Fowler-Familie die Uhr der Stadt Ullapool, zusammen mit £100 für den Unterhalt der Uhr. Aufgrund von Beschwerden, weil die Uhr mit dem zunehmenden Verkehr vermehrt Staus verursachte, wurde sie Mitte der 1960er Jahre von der Mitte der Kreuzung an deren Rand verlagert, wo sie noch heute steht. Bis ins Jahr 1995 wurde die Uhr von Sandy Ross, einem lokal ansässigen Metzger, täglich von Hand aufgezogen. Erst dann wurde das Uhrwerk gegen ein automatisch laufendes, elektrisches Werk ausgetauscht.

Leider hatten wir in Ullapool nur eine Nacht Aufenthalt eingeplant. Hier könnte man durchaus mehrere Tage verbringen, verbunden mit Ausflügen in die Gegend rundherum. Auch das steht bereits auf dem Plan für den nächsten Schottland-Besuch.

Koordinaten:

N58.2421	W5.1992	The Little Soap and Candle Company / Secret Tea Garden
N58.2399	W5.402	Stoer Head Lighthouse
N58.2609	W5.3826	Old Man of Stoer
N57.8933	W5.1655	House on the Point

Tag 11

Freitag, 9. September 2016. 298 km gefahren.

Tagesprogramm:

- Loch Broom

- Gairloch

- Loch Maree / Beinn Eighe

- Ankunft auf Skye

Im Anschluss an unser „continental breakfast" auf unserem Zimmer verabschiedeten wir uns von Angus, der sich freute, dass uns sein kleines Hotel so gut gefallen hatte. Bevor wir unser heutiges Etappenziel, die Insel Skye, ansteuerten, fuhren wir zunächst erst einmal etwa zwei Meilen zurück, in die Richtung aus der wir gestern gekommen waren. Wir hatten nämlich bei der Ankunft festgestellt, dass man außerhalb der Stadt im Norden, an einem bestimmten, erhöht gelegenen Punkt einen tollen Ausblick auf Ullapool hat. Von hier aus mussten wir natürlich noch ein paar Fotos machen. Danach ging es weiter, zunächst entlang des Nordufers von Loch Broom bis zu dessen Ende, dann ein paar Kilometer durch wasserlose Landschaft und schließlich bogen wir rechts ab auf die A832 in Richtung Gairloch.

Diese Straße führt zunächst wieder in Richtung Westen, bis sie irgendwann das Südostende von Little Loch Broom trifft. Little Loch Broom ist ebenfalls ein Meeresarm, der südwestlich von Loch Broom liegt. Loch Broom und Little Loch Broom sind durch die Halbinsel Scoraig voneinander getrennt. Deren westlichen Ausläufer sind nur durch eine fünf Meilen lange Wanderung oder per Boot zu erreichen. Es führt zwar eine Single-Track-Road am Nordufer des Little Loch Broom bis zur Ansiedlung Badrallach (bestehend aus nur ein paar Häusern), diese endet aber bald darauf in einem kleinen Parkplatz. Ab hier gibt es nur noch einen Fußweg, nicht einmal ein Geländewagen hätte hier eine Chance. Erstaunlicherweise gibt es im West-teil der Halbinsel tatsächlich Häuser und sogar eine Schule.

Am Ende von Little Loch Broom macht die Straße eine Linkskurve und folgt nun wieder ein Stück der Küste zum offenen Meer. In vielleicht einem Kilometer Entfernung sieht man die Insel Gruinard. Auf ihr wurden 1942 von britischen Militärwissenschaftlern Biowaffentests mit Milzbranderregern durchgeführt. Die Tests wurde genehmigt, weil man damals befürchtete, die Deutschen könnten bei Angriffen biologische oder chemische Waffen verwenden. Aufgrund der großflächigen Kontamination durch diese Versuche war die Insel bis in die 1990er Jahre hinein militärisches Sperrgebiet. Im Jahr 1986 wurde von einer englischen Firma für eine halbe Million Pfund eine Dekontamination durchgeführt. Dabei wurden der Boden der Insel mit 280 Tonnen Formaldehyd, aufgelöst in 2 Millionen Litern Meerwasser getränkt – das klingt für mich auch nicht gerade gesund. Außerdem wurde teilweise Mutterboden abgetragen und in versiegelten Containern abtransportiert. Heute ist die Insel angeblich frei von Anthrax-Erregern. Es ist dennoch einer der wenigen Orte in Schottland, die ich nicht besuchen möchte.

Bald erreicht man Aultbea, an der Bucht von Loch Ewe gelegen. In der Bucht gibt es eine Insel, die Isle of Ewe. Sie ist in Privatbesitz und vom Besitzer an eine Familie Grant verpachtet. Die Familie lebt hier als einzige Familie im Süden der Insel seit der Mitte des 19. Jahrhunderts, natürlich in mehreren Generationen. Bis zum 2. Weltkrieg lebten noch ein paar andere Familien hier, aber diese verließen die Insel damals, weil sie als wichtiger Marinehafen genutzt wurde. Zurück blieben nur die Grants – bis heute.

Kleine, bewohnte Landzunge bei Gairloch

Bei Gairloch machten wir Rast, genossen Scones und Tee und die Aussicht aufs offene Meer. Dann ging es weiter, entlang des Südufers von Loch Maree, welches als einer der schönsten Seen der Highlands gilt. Da der See sehr abgeschieden liegt, herrscht hier (noch) wenig Tourismus. Am Südufer verläuft die A832, am Nordufer gibt es überhaupt keine befestigten Straßen. Loch Maree ist etwa 20 km lang. Auf dem See gibt es ca. 60 Inseln, von denen die größten von Wald bewachsen sind. Die größte dieser Inseln verfügt selbst auch wieder über einen See, der wiederum eine kleine Insel hat. Sozusagen die Insel auf der Insel – einmalig in ganz Britannien.

Im Osten des Lochs wächst am Nordufer der mächtige Berg Slioch fast 1.000 Meter in den Himmel. Südlich des Sees und der Straße erhebt sich das mächtige

Beinn-Eighe-Gebirge mit dem Beinn Eighe als Namensgeber und höchstem Gipfel. Er überragt mit 1.010 Metern den Slioch noch um ein paar Meter. Das Beinn-Eighe-Gebirge ist auch das Nächste, was wir nun ausführlich sahen, denn wir umfuhren es im Uhrzeigersinn. Bei Kinlochewe fuhren wir dazu rechts ab, auf die A896 Richtung Torridon.

Fahrt durch das Beinn-Eighe-Gebirge

Das Beinn-Eighe-Massiv ist zwar kein Großglockner, aber 15 Meilen fährt man trotzdem, bis man es in einem großen Halbkreis vom Ende des Loch Maree bis nach Torridon umrundet hat. Auch hier wechseln sich wieder kleinere und größere Berggipfel mit Seen, Wiesen und Heidekraut ab. Die größte Erhebung misst wie gesagt 1.010 Meter, es gibt aber noch sechs weitere, kleinere Gipfel. Diese bestehen aus hellem, fast weißem Quarzit. Obwohl es trocken und sonnig war, schien der Berg an manchen Stellen, an denen die Sonne günstig auf ihn fiel, zu glänzen als wäre er nass. Ab und zu muss man hier bei der Durchfahrt einfach anhalten, aussteigen und die Schönheit der Natur genießen.

Der vorletzte Abschnitt unserer Reise heute führte uns zum berühmten Eilean Donan Castle, welches auf den meisten Fotokalendern von Schottland abgebildet ist. Wir fuhren aber nicht direkt dorthin, sondern auf eine kleine Straße nordöstlich der A87, die am Schloss vorbei führt. Der Tipp dazu stammt aus einem Reiseführer, die exakten Koordinaten des Aussichtspunktes habe ich anhand der Beschreibung dann noch mit Google Streetview ermittelt – sie stehen wie immer am Ende des Kapitels. Eilean Donan Castle selber haben wir nicht besichtigt, das wollten wir auf dem Rückweg von Skye fünf Tage später tun. Ich werde dann ein wenig über die bekannte Burg schreiben.

Eilean Donan Castle, vom erhöhten Aussichtspunkt aus fotografiert

Leider fing es an zu regnen und so gab es nur ein paar Fotos von hier oben. Dann stiegen wir wieder ins Auto und fuhren zum heutigen Etappenziel, einem B&B etwas nördlich von Portree auf der Insel Skye. Die Isle of Skye ist die größte Insel der inneren Hebriden. Obwohl man sie inzwischen ohne die Benutzung einer Fähre erreichen kann, ist es tatsächlich eine echte Insel. Man erreicht sie trockenen Fußes, oder trockenen Reifens, durch die 1995 eröffnete Skye Bridge, die die Insel mit Kyle of Lochalsh auf dem Festland verbindet. Sie hat eine Länge von 500 Metern, wobei die größte Strecke, die die Brücke ohne Zwischenstütze überspannt, 250 Meter sind.

Nachdem wir unser Zimmer bezogen hatten fuhren wir nochmal ins nahe gelegene Portree, um einige Einkäufe zu erledigen und zu Abend zu essen. Die Wirtin erklärte uns die Öffnungszeiten des ortsansässigen Coop-Supermarkts: Täglich von 7 bis 23 Uhr. Nachfrage von mir: täglich? Antwort: ja, täglich, also auch am Sonntag. Allerdings gibt es nach 21 Uhr keinen Alkohol mehr zu kaufen.

Fast schien es, als wollte sie sich für dieses für sie merkwürdig erscheinende Gesetz entschuldigen, aber dann erzählte ich ihr von unseren Ladenöffnungszeiten und dem Umstand, dass man am Sonntag zwar an vielen Tankstellen in den mittlerweile dort integrierten, kleinen Supermärkten einkaufen kann, aber Alkohol nur bekommt, wenn man mit dem Auto vorfährt. Schnell waren wir uns einig, dass es in vielen Ländern blödsinnige Regelungen gibt.

Den Supermarkt in Portree hatten wir schnell gefunden, der Ort ist überschaubar. Portree ist der Hauptort der Insel, hat aber nur ca. 2.500 Einwohner, wobei im Sommer etwa nochmal so viele Touristen dazukommen. Im Supermarkt suchten wir unsere Einkäufe zusammen und kamen dabei mit einem deutschen Pärchen, scheinbar Studenten, ins Gespräch. Diese erzählten, dass sie schon fünf Tage auf der Insel wären und bisher nur Regen gesehen hatten. Wir meinten nur: Jetzt sind WIR ja da, nun wird alles gut. Aber irgendwie wollten sie uns nicht glauben.

Nach dem Abendessen in einem der zahlreichen Restaurants ging es zurück. Nun, bei der zweiten Ankunft am B&B, hatte der Regen gerade wieder aufgehört, aber der Wind pfiff uns anständig um die Ohren, was schon wieder eine humoristische Note hatte. Es machte Spaß, die Haare im Sturm wehen zu lassen oder sich schräg hinzustellen und sich vom Wind halten zu lassen. Nur beim Öffnen der Autotüren sollte man sich hier in Acht nehmen. Lässt man sie los, so kann es sein, dass einem der Wind die Tür abreißt! Gehört hatte ich davon bereits, aber glauben konnte ich es erst an diesem Tag.

Es war gegen 21 Uhr und der Tag hatte sich verabschiedet. Mit 184 Meilen, also knapp 300 Kilometern, hatten wir heute die längste Tagesetappe unserer bisherigen Reise zurückgelegt. Zwar war die Landschaft wie immer sehr abwechslungsreich und es gab viel zu sehen, dennoch machte sich eine gewisse Müdigkeit breit. Wir suchten unser Zimmer auf und beendeten

den Tag bei einer im Supermarkt gekauften Dose Bier.
Gut dass wir vor 21 Uhr dort waren!

Koordinaten:

N57.9126 W5.1834	Aussichtspunkt auf Ullapool (hier geht eine kleine Straße ab und man kann parken, ohne den übrigen Verkehr zu behindern)
N57.6640 W5.4358	Parkplatz am Loch Maree mit toller Aussicht
N57.2754 W5.5111	Aussichtspunkt auf Eilean Donan Castle
N57.4129 W6.1922	Coop-Supermarkt in Portree

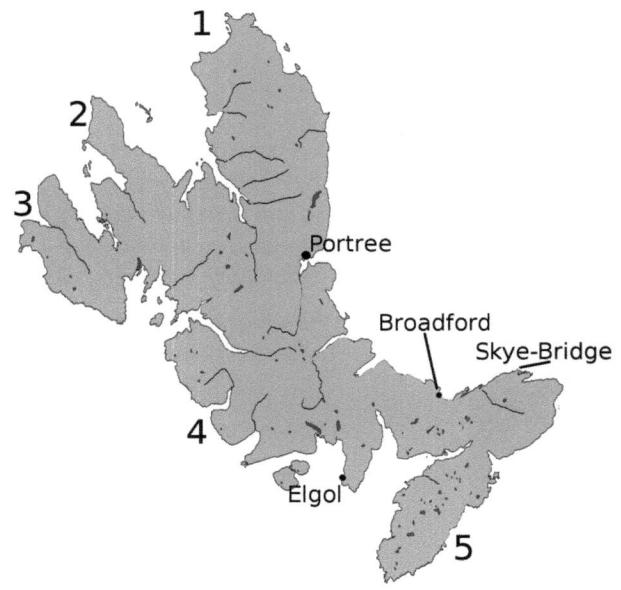

Geographie von Skye. Durch tief ins Land einschnei-
dende Buchten und Lochs ist die Insel an verschiedenen Stellen stark eingekerbt. Dadurch werden fünf
Halbinseln ausgebildet. Diese sind:

1: Trotternish
2: Waternish
3: Duirinish
4: Minginish
5: Sleat

Tag 12

Samstag, 10. September 2016. 118 km gefahren.

Tagesprogramm:

- Coral Beach
- Duirinish Stone
- Ardmore Bay
- Stein und Stein Inn

Gegen 8:30 Uhr, ein erster Blick aus dem Fenster. Die Berggipfel waren noch in Wolken gehüllt, doch über uns war schon blauer Himmel zu sehen. Ob sich die beiden Touristen aus dem Supermarkt gestern wohl gerade an unseren Satz erinnern?

Das B&B hatte vier Doppelzimmer. Zwei davon waren von einer Familie belegt, das dritte von einem Paar aus der Nähe von Düsseldorf und das vierte von uns. Die somit hundertprozentige Belegung brachte die kleine Küche an ihre Grenzen, denn teilweise warteten wir alle schon recht lange auf bestimmte Speisen. Aber wir waren ja im Urlaub. Wir vertrieben uns die Wartezeit mit einer Unterhaltung mit den Düsseldorfern.

Nach dem Frühstück fuhren wir in Richtung Coral Beach. Ausgangspunkt für den Ausflug ist ein Parkplatz nördlich von Dunvegan Castle bei Claigan. Allein schon die Fahrt dorthin war aufregend. Das schöne Wetter mit dem blauen Himmel und ein paar Restwolken, dazu das saftige Grün der Wiesen und das tiefblaue Wasser der weit ins Land einschneidenden Meeresarme. Ich habe mich vor dem Urlaub immer gefragt, warum bei Dokumentationen über Skye immer mit technischen Kniffen solche kräftigen Farben erzeugt werden. Seit ich selbst da war weiß ich: hier trickst niemand, es sieht hier WIRKLICH so aus!

Ab dem Parkplatz folgt ein gemütlicher Spaziergang von knapp einer halben Stunde, bei dem man einfach dem ebenen Feldweg folgt. Bitte hier feste Wanderschuhe anziehen, denn der Weg ist oft matschig, wenn es zuvor geregnet hat. Und Regen ist auf Skye wahrlich kein seltenes Wetterphänomen. Bei der Wanderung kann man manchmal Kühe und, was sonst, Schafe entdecken. Über die Kühe und die Wanderung über ihre Weide kann man auf isleofskye.com[42] lesen, dass es hier auch manchmal einen Bullen gibt, aber es sei unwahrscheinlich, dass er Interesse an Menschen entwickelt. Glauben wir es mal...

An dieser Stelle noch ein Aufruf an alle Hundebesitzer: Hunde bitte an die Leine nehmen, wenn man eine Weide quert. Das gilt nicht nur hier auf Skye, sondern überall, wo man auf Weidevieh treffen kann. Wir haben in Österreich schon sonst an sich friedliche Kühe gesehen, die auf eine Gruppe von Menschen losgelaufen sind, nur weil der Familienhund sich zu sehr für die Tiere interessiert hatte.

Der Spaziergang vom Parkplatz zum Coral Beach sieht zunächst aus wie eine normale Wanderung, doch am Ende biegt man um eine Kurve und sieht vor sich einige hundert Meter schneeweißen Strand. Scheint hierbei noch die Sonne, wie es bei uns der Fall war, so könnte man meinen, man wäre auf einer Insel im Südpazifik. Lediglich die kältere Luft erinnerte uns daran, dass wir uns in Schottland befanden.

Tatsächlich handelt es sich bei dem weißen Material nicht um Korallen, wie der Name Coral Beach vermuten ließe, sondern um die verblichenen Überbleibsel einer Seetang-Art, genannt Maerl. Diese werden von den Wellen an dieser Stelle an den Strand gespült und klein gemahlen. In Summe sieht das Ganze dann aus wie geriebene Korallen. Es gibt mehrere Maerl-Strände in Schottland, aber dieser hier auf Skye soll der schönste und berühmteste sein.

Das Wasser ist hier sehr flach und man kann barfuß ins Meer laufen, wenn es einem nicht zu kalt ist. Jana hat es probiert und bestätigt, dass es wirklich kalt war. Neben dem Strand gibt es noch etliche Felsen und kleinere Hügel, auf die man klettern kann, um eine noch bessere Aussicht zu haben. Daneben gibt es kleine Inseln im Meer, eine Steilküste am Horizont und jede Menge Vögel. Irgendwo verlief eine ewig lange Steinmauer, deren Sinn sich nicht so recht erschloss. Antik, oder doch eher aus dem letzten Jahrhundert? Ich weiß es nicht.

Coral Beach mit Regenbogen

Während wir am Coral Beach entlang liefen verdunkelte sich der Himmel. Ein paar Tropfen Regen fielen auf uns, mehr glücklicherweise nicht. Der hauptsächliche Regenschauer ging etwa einen Kilometer weiter entfernt nieder und belohnte uns dabei obendrein mit einem fantastischen Regenbogen über dem Meer.

Zurück zum Parkplatz gingen wir denselben Weg den wir gekommen waren. Danach fuhren wir nach Duirinish. Duirinish ist ein altes, nordisches Wort und bedeutet soviel wie Wild-Gemeinde. Offensichtlich gab es hier früher viele Hirsche und Rehe.

In Duirinish steht der Duirinish-Stone. Dieser sieht zwar aus wie ein Relikt aus einer längst vergangenen Epoche, in Wahrheit steht er aber erst ein paar Jahre an diesem Fleck. Laut einer dort angebrachten Tafel wurde der fünf Meter hohe und fünf Tonnen schwere Stein von der Gemeinde vor Ort an einem Sommertag im Jahr 2000 bei einem Millennium-Festival hier errichtet. Dabei bediente man sich traditionellen Arbeitsmethoden, um das Andenken an die Vorfahren hoch zu halten.

Viel interessanter als der Stein selber ist die Aussicht, die man von seinem Standpunkt aus genießt: auf die beiden charakteristischen Tafelberge „MacLeod's Table" und das Loch Dunvegan. Und unten, zu Beginn des Hügels, auf dem man den Stein errichtet hat, steht die Ruine der Kirche „St. Mary's Church", mitten auf einem alten Friedhof. Im Jahr 1832 wurde eine neue Kirche, die Duirinish Parish Church gebaut. Die alte Kirche, deren Dach früher mit Stroh bedeckt war, hat man einfach stehen lassen, wie so oft in diesem Land.

Die beiden charakteristischen, flachen Tafelberge MacLeod's Table

Der Friedhof scheint fest in der Hand des Clans MacLeods zu sein, denn hier liegen fünf ihrer Clanoberhäupter, und zwar der 24. bis 28. Clanchef. Des Weiteren liegen hier einige der Dudelsackspieler, die dem Clan seit langer Zeit dienen. Jeder Clan hat sozusagen seine eigene Dudelsackspieler-Familie.

Das älteste Todesdatum, das wir entdeckten, war aus dem Jahr 1674: Die schottische Poetin Mary MacLeod starb in diesem Jahr im hohen Alter von über 100 Jahren – damals eine absolute Seltenheit. Der Gedenkstein wurde allerdings „erst" im Jahr 1830 im Gedenken an sie errichtet.

Die nächste Etappe des heutigen Tages lag in dem kleinen Örtchen Stein. Es befindet sich an einer Bucht der Waternish-Halbinsel, das ist die Halbinsel im Nordwesten von Skye. Der eigentliche Grund für unseren Besuch war hier das Stein Inn[43], welches sich in diesem Dorf befindet. Es ist das älteste Pub der Insel Skye und stammt aus dem 18. Jahrhundert. Es hat ein gut sortiertes Whisky-Sortiment sowie ein kleines, angeschlossenes Restaurant. Auch Zimmer kann man hier mieten. Wir wollten aber nur zum Abendessen hin. Dieses gab es hier, völlig ungewöhnlich für Schottland, erst ab 18:30 Uhr. Wir hatten ja schon Lokale gesehen, die um diese Zeit bereits anfingen, die Stühle hoch zu stellen.

Als wir ankamen war es kurz vor 17 Uhr und das Pub war noch geschlossen. Es öffnete an diesem Tag um 17 Uhr. So gingen wir zunächst zum Strand des Dorfes hinunter, um uns noch ein wenig die Beine zu vertreten. Auf der kleinen Slipanlage für Freizeitboote vergnügten sich zwei Einheimische im Surfanzug, am steinigen Strand gab es viele Muscheln zu entdecken und 100 Meter weiter abseits standen die Überreste eines eingefallenen Hauses. In der Ferne genossen ein paar Boote die Abendsonne.

Strand und Hafen bei Stein

Irgendwo las ich, dass man bei einem Besuch im Stein Inn unbedingt vorbestellen müsse, weil es so berühmt und entsprechend überlaufen sei. Also ging ich, es war inzwischen ca. 17:15, in das Pub und wartete am Tresen auf den Barkeeper, der gerade irgendwo anders war, nur nicht in seinem Pub.

Ich sah mich ein wenig um. In einem kleinen Nebenraum saßen bereits Gäste, tranken etwas und unterhielten sich. An den Wänden hinter dem Tresen hingen viele Regale mit Whiskyflaschen darauf. Längst nicht so viele wie in der Bar auf der Black Isle, aber es war schon eine ordentliche Menge an Flaschen, die das Stein Inn hier angesammelt hatte. Auf einer Bank gegenüber des Tresens saßen vier mittelalte bis alte, einheimische Männer und lallten sich gegenseitig an. Dafür dass hier erst seit einer Viertelstunde geöffnet war, hatten sie schon ganz schön einen sitzen. Vermutlich hatten sie woanders ordentlich vorgeglüht, anders bekommt man das in der Kürze der Zeit gar nicht hin.

Als sie mich mit meiner Kamera sahen, lallten sie etwas für mich weitgehend Unverständliches, worin ich lediglich das Wort „Reporter" erkannte. Ich lächelte sie kurz an und wandte ihnen dann den Rücken zu, um mich den verschiedenen Etiketten der Whiskyflaschen hinter dem Tresen zu widmen und auf den Barkeeper zu warten. Aber die Hartnäckigkeit der vier Schotten war erstaunlich. Das vermutliche jüngste Mitglied der Gruppe konnte sich noch am verständlichsten artikulieren, oder besser gesagt am wenigsten unverständlich.

„Weeereayou frommmm?" fragte er mich, und offensichtlich wollte er wissen, woher ich kam. Ich verriet ihm mein Herkunftsland.

„Ouuuh, schhhörmenie, fffine! Weeerein schhörmenie?"

„South Germany, Bavaria", antwortete ich.

„Ouuuihyeah, Bawwwaria! I know bawwwaria. Okkktoobafest!" stellte er unmissverständlich fest. Möglicherweise war er da tatsächlich schon einmal. Ich erinnerte mich an meinen ersten Englandbesuch in den 1980er Jahren. In einem Pub hing ein Plakat, auf dem eine Busreise zum „Bavarian Bierfest" angeboten wurde, womit ebenfalls das Oktoberfest in München gemeint war.

„Schschschörman Bier issse gräyt!" mischte sich nun ein anderer aus der Gruppe ein, kurz danach prostete man sich gegenseitig zu. Ich konnte nicht mit ihnen anstoßen, denn ich hatte ja nichts zu trinken. Aber als ich ihren Zustand so überdachte war das wohl auch gut so.

Endlich kam der Wirt herein, ging hinter seinen Tresen und fragte mich, was ich wollte. Ich sagte ihm dass ich nur einen Tisch im Restaurant für zwei Personen bestellen möchte, für 19 Uhr. Er notierte es und ich verabschiedete mich. Die vier dem Alkohol nicht abgeneigten Schotten riefen mir noch irgendetwas Unverständliches hinterher, vermutlich war es ein gut gemeinter Abschiedsgruß. Ich winkte ihnen nur kurz zu und warf ein „bye" in den Raum.

Bis zum Essen hatten wir also noch etwa 1 ½ Stunden Zeit. Wir fuhren ein Stück in den Norden der Waternish-Halbinsel, genauer gesagt so weit wie die Straße es erlaubte, denn die letzten etwa drei Kilometer der Halbinsel sind nicht durch öffentliche Straßen erreichbar. Hier befindet man sich erhöht über dem Meeresspiegel und hat eine tolle Aussicht auf eine vorgelagerte, sichelförmige Halbinsel sowie die etwa einen Kilometer lange und vielleicht 250 Meter breite, unbewohnte Insel Isay. Von unserem Standpunkt aus gesehen davor befanden sich zwei noch kleinere Inseln: Mingay und Clettt. Isay sieht man auch vom Coral Beach aus, dann aber aus südlicher Richtung.

Hier befindet sich die Ardmore-Bay, eine natürliche und windgeschützte Bucht. Einige dunkle Wolken zogen über ihr auf, und genau vor uns tat sich ein Loch in ihnen auf, so dass die schon untergehende Sonne durch das Wolkenloch aufs Wasser schien. Schnell war ein Foto gemacht – mit etwas Kontrastverstärkung sieht es aus als würde ein Raumschiff auf dem Wasser landen. Es ist schon verrückt, welche Eindrücke das Zusammenspiel von Landschaft, Wolken, Wasser und Licht hier zustande bringt.

Die Gegend genießen, die untergehende Sonne beobachten und ein wenig herumlaufen, so verging die Zeit und kurz vor 19 Uhr machten wir uns auf den Rückweg zum Stein Inn. Das Restaurant war entgegen der Befürchtung des Reiseführers alles andere als voll. Während unseres gesamten Aufenthalts darin kam gerade mal noch ein anderes Paar herein um zu essen. Dem Anschein nach waren es Hausgäste, die hier wohnten.

Bar im Stein Inn

Bezahlen tut man wie in ganz Britannien an der Bar oder, in diesem Fall, im angeschlossenen Pub, welches wir nun beide gemeinsam aufsuchten. Nicht zu glauben: die vier Schotten vom Nachmittag waren immer noch da und schienen hocherfreut zu sein, den „deutschen Reporter" wieder zu sehen. Noch erfreuter waren sie, dass ich dieses Mal auch noch meine Frau mitbrachte. Nacheinander standen sie auf um sich mit ihr zusammen von mir fotografieren zu lassen. Ihr fortgeschrittener Alkoholkonsum hatte aber zur Folge, dass ich von dem, was sie an sprachähnlichen Lauten nun noch hervorbrachten, überhaupt nichts mehr verstand. Aber sie waren nicht pöbelnd, sondern einfach nur lustig drauf, so wie wir es auch bei vielen anderen Schotten (nicht notwendigerweise betrunken) kennengelernt hatten. Insofern war es ein lustiger Besuch in dem Pub, auch wenn die vier, laut Janas Aussage, nicht besonders gut rochen :-)

Nun ging es zurück, doch bevor wir unsere Schlafstätte aufsuchten, wollten wir in Portree noch etwas trinken gehen. Auf der Suche nach einer passenden Lokalität trafen wir die zwei Düsseldorfer wieder und haben sie überredet mitzukommen. So verbrachten wir noch eine Stunde in irgendeinem Pub und dann ging es zurück zur gemeinsamen Unterkunft. Am nächsten Tag war wieder ein Standortwechsel angesagt, und so packten wir unsere Sachen schon einmal zusammen.

Koordinaten:

N57.4891	W6.6202	Parkplatz zum Coral Beach
N57.4947	W6.6335	Coral Beach
N57.4374	W6.5758	St. Mary´s Church and Graveyard
N57.5153	W6.5722	Stein-Inn
N57.5480	W6.6430	Ardmore-Bay

Tag 13

Sonntag, 11. September 2016.
146 km gefahren.

Tagesprogramm:

- • Mealt Falls / Kilt Rock
- • Staffin Beach
- • Duntulm Castle
- • The Quiraing
- • Old Man of Storr

Heute erkundeten wir die Trotternish-Halbinsel von Skye. Das ist die Halbinsel, die sich am weitesten in den Norden erstreckt und praktisch direkt nördlich von Portree beginnt. Die Tour entsprach einer Rundfahrt gegen den Uhrzeigersinn, also am Ostufer der Halbinsel entlang nach Norden und auf der Westseite wieder in Richtung Süden zurück.

Unsere erste Station waren die Wasserfälle „Mealt Falls" und der Kilt Rock. Der Kilt Rock ist ein Felsen mit einer ca. 55 Meter hohen Steilklippe. Von dieser stürzt sich der Abfluss des Süßwassersees Loch Mealt (dieser liegt westlich der A855) dramatisch ins Meer. Der Kilt-Rock soll seinen Namen von seiner Ähnlichkeit zu dem Muster der bekannten Schottenröcke (Kilts) haben. Tatsächlich hat er interessante Linien aufzuweisen, für eine Verwechslung mit dem Tartan-Muster eines Schottenrocks braucht man aber einiges an Fantasie.

Für die Besucher wurde hier eine Plattform angebracht, von der aus man sowohl den Felsen als auch den Wasserfall gut sehen kann. Der Ausblick war hier, wie an so vielen Orten die wir besuchten, wieder einmal sehenswert!

Schautafeln informieren über die Entstehung des Felsens und darüber, welche Vögel in seinen Steilwänden nisten. Wir haben gesucht, aber natürlich in den Felsen keinen von ihnen entdeckt. Die beste Zeit dafür ist wohl die Zeit, in der die Vögel nisten und dazu waren wir mit September einfach zu spät dran. So blieb uns aber immerhin die Aussicht auf Wasserfall, Kilt-Rock und das Meer. Als wir uns satt gesehen hatten gingen wir zurück zum nahegelegenen Parkplatz, auf den gerade ein kleinerer Bus einfuhr. Bald darauf, wir waren inzwischen an unserem Auto angekommen, öffneten sich seine Türen und wir wurden unfreiwillig Zeugen eines Touristen-Auftritts, den man vielleicht in einer TV-Comedy erwartet hätte, aber nicht im wirklichen Leben. Dem Bus entstieg ein Mann im Schottenrock und tätowierten Armen, offensichtlich ein einheimischer Fremdenführer. Ihm folgte eine Horde von 15 bis 20 asiatischen Touristen, vorwiegend weiblich, und stürmte die Aussichtsplattform.

Jeder andere Tourist hätte die Aussicht genossen und Fotos vom Meer, vom Kilt Rock und dem Wasserfall aufgenommen. Nicht so diese Gruppe. Ihre Mitglieder fingen vielmehr an, sich gegenseitig zu fotografieren: einzeln, zu zweit, in Dreier- und größeren Gruppen. Dann musste der schottische Fremdenführer mit den Smartphones der Asiaten dieselben fotografieren – einzeln, zu zweit, in Dreier- und in größeren Gruppen. Einige aus der Gruppe hatten das Privileg, einen sogenannten Selfie-Stick[9] zu besitzen. Damit wurde sich dann natürlich zwischendrin auch noch selber fotografiert – allein, zu zweit,... und so weiter. Wir beob-

---

9   Im Volksmund bekannt als sogenannte Vollpfostenantenne oder Deppenzepter

achteten das Schauspiel eine Weile, ergriffen dann aber die Flucht und folgten der Straße weiter in Richtung Norden.

Ein paar Meilen weiter fuhren wir von der Hauptstraße ab, um im Flodigarry-Hotel[44] einen Tee zu trinken. Das Hotel in traumhafter Lage hat uns gut gefallen, auch wenn die Zimmerpreise weit über dem lagen, was wir zu Zahlen bereit wären (zwischen £200 und £350, je nach Datum). Die Bar des Hotels, in der wir nun waren, hatte über dem Tresen eine beeindruckende Lampe hängen: zwei Ösen in der Decke hielten je ein Hanfseil. Die Seile waren am unteren Ende mit schick geknüpften Knoten an einem dickeren Ast oder einem dünneren Baum (auf der einen Seite ca. 10 und auf der anderen vielleicht 15 Zentimeter im Durchmesser) befestigt, welcher über die gesamte Länge des Tresens reichte. Durch den Ast waren in regelmäßigen Abständen Löcher gebohrt, durch welche schwarze Kabel geführt waren, an denen kleine Lampen hingen. Die Nebenäste waren knapp am Hauptast abgesägt und der Ast war nicht weiter behandelt. Einfach, aber wunderschön in das Ambiente der Bar mit den Natursteinen an einer Wand passend. Laut dem Barkeeper, bei dem wir unseren Tee bestellten, ein Eigenbau und nicht käuflich. Wer die Lampe live sehen will muss wohl das Hotel selber aufsuchen. Ich habe aber auch ein Foto davon gemacht.

Bar im Flodigarry-Hotel mit selbstgebauter Baum-Lampe

Bis dahin waren wir die einzigen Gäste im Raum. Angenehm leise Musik klang aus versteckt angebrachten Lautsprechern und wir unterhielten uns darüber, was wir uns als nächstes ansehen wollten. Plötzlich flog die Tür auf und schlagartig war es vorbei mit der Ruhe. Schneller als erwartet hatten die Asiaten vom Kilt Rock alle möglichen Foto-Permutationen und Modell-Paarungen abgearbeitet und sich dann als Zwischen-station natürlich genau das Hotel ausgesucht, in dem wir gerade saßen.

Binnen weniger Momente hatten sie den Tresen belagert. Wir hatten ja unsere Bestellung Gott sei Dank schon auf dem Tisch stehen und konnten nun aus einigermaßen sicherer Entfernung das Treiben beobachten. Schnell wurden alle übrigen Tische besetzt, Taschen und Jacken über dieselben gereicht und auf die noch leeren Stühle gehängt, um die dadurch festgelegten Paarungen zwischen Mensch und Stuhl zu symbolisieren. Danach wurden die am Tresen abgeholten Getränke durch den Raum und über die Köpfe bereits Sitzender getragen und weitergereicht. Während die einen noch Getränke orderten und durch den Raum trugen, bildeten die anderen bereits eine Schlange vor den Toiletten, die natürlich für den Massenansturm nicht ausgelegt waren.

Nach einer Viertelstunde war alles wieder vorbei. Während die letzten beiden Asiaten am Tresen ihre Getränke entgegennahmen, rief der mit Kilt bekleidete, tätowierte Fremdenführer in die Runde, dass es nun Zeit wäre, weiterzufahren. Ich konnte mir, als er den Raum verließ, eine Bemerkung nicht verkneifen: „Hey, you again! Is this the Skye-in-one-day tour?" Er verstand meine Anspielung, lachte und antwortete: „No, that's the Scotland-in-two-hours tour!" Dann verließ er den Raum, gefolgt von seiner asiatischen Touristen-Schar. Es erinnerte ein wenig an eine Entenfamilie, die bereitwillig hinter ihrer Mutter herwatschelten.

Eine Minute später waren wir wieder die Einzigen im Raum und es war schlagartig angenehm still. So still dass man sogar die leise Musik wieder vernehmen konnte. Gemütlich tranken wir aus, während der Barkeeper sich mühte, die übrigen Tische von halb ausgetrunkenen Gläsern zu befreien. Als wir fertig waren machten wir uns auch wieder auf den Weg. Die Asiaten mit ihrem schottischen Fremdenführer sahen wir an diesem Tag nicht mehr. Unsere nächste Etappe war der Staffin Beach. Das ist ein Strand, oder besser gesagt sind es sogar mehrere verschiedene Strände, die an der Staffin Bay liegen. Von hier aus sieht man den Kilt Rock von der nördlichen Seite. Und man ist hier relativ allein. Am Wasser selber standen zwei oder drei Autos von Leuten, die von hier aus mit kleinen Booten zu einer Tour in See stechen oder angeln wollten. Hier und da sah man noch ein vereinzeltes Zelt am Strand stehen (in Britannien ist Zelten in der Regel überall erlaubt, wo es nicht ausdrücklich verboten ist) und ein paar wenige Spaziergänger waren auch unterwegs. Wieder einer dieser sehr friedlichen und stillen Orte in Schottland und der volle Kontrast zu dem Erlebnis vorhin in der Hotelbar.

Die nächste Etappe war die Ruine Duntulm Castle. Die 2,5 km lange Wanderung zur Halbinsel Rubha Hunish, der Nordspitze von Skye, haben wir mangels Zeit nicht gemacht. Wir brauchen ja auch für den nächsten Urlaub noch ein paar Ziele, von denen es hier allerdings auch mehr als genug gibt. Stattdessen haben wir nur kurz die Ruine angeschaut.

Viel ist vom Sitz des Clans MacDonald of Sleat aus dem 17. Jahrhundert leider nicht mehr übrig. Das Schloss selber stammt aus dem 14. oder 15. Jahrhundert, als in dieser Gegend die Stammesfehden zwischen den Clans MacDonald und MacLeod ausgetragen wurden. Um das Jahr 1732 herum wurde die Burg aufgegeben und wie so oft wurden ihre Steine für den Bau neuer Behausungen wiederverwendet. Recycling war also auch schon früher ein Thema. Heute ist das Schloss leider in einem sehr schlechten Zustand.

Nur drei Kilometer weiter befindet sich das Skye Museum of Island Life. Dieses wäre sicher interessant gewesen, leider hatte es am heutigen Sonntag geschlossen. So blieben nur ein paar Fotos über den Zaun und ein Eintrag auf der to-do-Liste für den nächsten Besuch.

Weiter auf der A855 Richtung Süden kommt man kurz vor dem Hafenstädtchen Uig (von hier erreicht man per Boot die äußeren Hebriden) an eine Kreuzung, von der ein kleines Sträßchen in Richtung Osten abbiegt. Ein Schild weist nach „The Quiraing", das ist eine geologische Formation auf der Halbinsel Trotternish und eine der bekannten Sehenswürdigkeiten der Insel. Der gesamte Höhenzug auf der Trotternish-Halbinsel ist durch geologische Verschiebungen entstanden. The Quiraing ist der einzige Teil der Region, der noch immer in Bewegung ist und zwar so stark, dass die Straße an seinem Fuß jedes Jahr repariert werden muss.

Man kann hier tolle Wanderungen in beeindruckender Landschaft machen, zum Beispiel zum „Old Man of Storr", einer einzigartigen Felsnadel, die hier steht. Das Wetter war aber heute nicht besonders schön. Zwar war es bisher trocken geblieben, aber es sah nach Regen aus. Insofern stiegen wir nur kurz aus um uns etwas die Beine zu vertreten und ein paar Fotos zu machen.

Langsam fing es nun tatsächlich ein wenig an zu tröpfeln und wir gingen zurück zum Auto. Unsere nächste Unterkunft war in Broadford, einem kleinen Städtchen, nicht weit weg von der Skye-Bridge, das wir nun ansteuerten. Klein, aber mit dem gleich daneben gelegenen Harrapool immerhin die zweitgrößte Ansiedlung der Insel (nach Portree). Der Roman Talisker Blues[45] spielt hauptsächlich in Broadford.

Dort angekommen fuhren wir erst einmal an die Tankstelle des Ortes. Ihr angeschlossen war ein größerer Coop-Supermarkt, in dem wir noch ein paar Kleinigkeiten kauften. Ganz anders als wir es in Deutschland kennen macht hier jeder Laden genau dann auf, wann er meint, dass es günstig wäre. Was bei uns in den Augen einiger Menschen den Untergang der abendländischen Kultur bedeuten würde, ist hier ganz normal. Bei weitem nicht alle Läden haben am Sonntag geöffnet, aber einige. Ein ähnliches Verhalten konnten wir übrigens bereits in Italien feststellen. In einer Stadt südlich von Florenz hatte der örtliche Coop, zumindest zur Hauptreisezeit, auch am Sonntag geöffnet und darin waren neben Touristen auch jede Menge Italiener anzutreffen.

In Broadford war auch unsere nächste Unterkunft, das „Clisham Bed and Breakfast", vielleicht 200 Meter von der Hauptstraße entfernt in einer ruhigen Wohngegend. Wir waren neugierig: die Webseite der Unterkunft war nicht besonders professionell, enthielt aber alle notwendigen Angaben. So zum Beispiel, dass es in dem Haus nur ein einziges Doppelzimmer gab, das zur Vermietung verfügbar war. Nicht auf der Seite stand, aber wir vermuteten es aufgrund des Namens der Ansprechpartnerin und einiger Bildern der Einrichtung, dass das Haus von einer älteren, alleinstehenden Dame bewirtschaftet wurde.

Und genau so war es dann auch. Dolina, genannt Dolly, eine Dame vielleicht Anfang 70, begrüßte uns sehr herzlich. Da es mittlerweile richtig regnete, teilte sie uns mit, dass sie sich Sorgen gemacht hatte, dass uns etwas passiert sein könnte. Ich sah auf die Uhr, es war noch nicht einmal 18 Uhr. „We were supposed to be here until 6 o'clock", sagte ich. „Yes, but it's dangerous on these roads when it's raining!" beharrte sie.

Dolly zeigte uns das Zimmer, unser Zimmer für die nächsten drei Nächte. Es war ausreichend groß und mit schweren, dunklen Eichenmöbeln ausgestattet. Eine Tür verband das Zimmer mit dem eigenen Bad. Dolly selber lebte, zumindest wenn Gäste im Haus waren, im hinteren Teil desselben. Ihr Wohnzimmer überließ sie ganz ihren Gästen. Über eine Tür gelangt man in ein kleines Esszimmer, welches als Frühstücksraum fungiert. Und dieses wiederum ist über eine Tür mit der Küche verbunden.

Im Wohnzimmer war als modernstes und auch breitestes Element (naja, nach dem Sofa) ein 55-Zoll-Fernseher nebst Sky-Receiver aufgestellt. Der Rest des Raumes war so, wie man ihn sich bei einer älteren Dame vorstellt: Sofas und Lehnstühle mit geschwungenen Elementen im Biedermeier-Stil, Landschaftsbilder an der Wand, verzierte Teppiche auf dem Boden, eine Kaminattrappe an der Wand und eine Vitrine aus Rustikal-Eiche. Dazu an allen erdenklichen Ecken und freien Plätzen Vasen, Porzellan-Figuren und -Puppen. Alles andere wäre auch grober Stilbruch gewesen.

Das Clisham[10] B&B ist ein Haus, wo man sich sofort ab Ankunft wohl und zu Hause fühlt. Dolly ist eine herzensgute Dame, die einem jeden Wunsch erfüllt, egal ob man ihn tatsächlich ausgesprochen hat oder nicht. Als wir sie irgendwann fragten, ob die Wäscherei in Broadford (am Coop angeschlossen) zu empfehlen wäre, bestand sie darauf, dass sie doch die betroffenen Hosen, die wir dorthin bringen wollten, selbst waschen könnte. Solche und noch viele weitere, kleine Gesten sorgten dafür, dass wir uns bei Dolly so zu Hause fühlten, als wären wir bei netten Verwandten zu Besuch.

Nachdem wir ausgepackt hatten war es nach 18 Uhr. Dolly empfahl uns das Claymore Restaurant in Broad-

---

10 Clisham ist mit 799 Metern der höchste Berg der Äußeren Hebriden auf der Insel Harris. Der Name des B&B hat also nichts mit der Familie von Dolly zu tun, wie sie uns erzählte.

ford, welches man auch gut zu Fuß hätte erreichen können. Aufgrund des schlechten Wetters ließen wir das aber sein und fuhren stattdessen mit dem Auto. Nach einem recht guten Essen und lokalem Bier (Skye Ale – es gibt dieses Bier in den Varianten yellow, black und red, was in Franken etwa bedeuten würde: Helles, Dunkles und Rotbier) und einem obligatorischen Whisky zum Abschluss ging es zurück zu Dolly. Diese ließ sich heute aber leider nicht mehr sehen, wir hätten uns gerne noch ein wenig mit der netten Dame unterhalten. Stattdessen sahen wir uns zum Abschluss des Tages auf dem riesigen Fernseher in ihrem Wohnzimmer auf ITV3 noch eine Doku über Neil Diamond an. Passte irgendwie wunderbar zum Ambiente des Hauses.

Koordinaten:

N57.6109 W6.1728	Mealt-Falls und Kilt Rock
N57.6332 W6.1986	Staffin Beach (Ende der Straße)
N57.6842 W6.3469	Duntulm Castle
N57.5072 W6.1743	Old Man of Storr
N57.2381 W5.8947	Claymore Restaurant in Broadford

Tag 14

Montag, 12. September 2016.
169 km gefahren.

Tagesprogramm:

- Portree
- The Oyster Shed
- Talisker
- Elgol

Heute war der einzige komplette Regentag unseres gesamten Urlaubs. Wir hatten zwar ein paarmal einen Schauer, aber vor einem vollständigen Regentag mit durchgehend grauem Himmel und Dauerregen wurden wir bisher verschont. Heute hatte es uns aber voll erwischt.

Nach dem Aufstehen sah ich kurz mit dem Tablet durch meine angesammelten E-Mails. Eine erregte meine Aufmerksamkeit. Sie war von der Besitzerin unserer letzten Unterkunft: Wir hatten ein Ladegerät vergessen. Natürlich keines für's Mobiltelefon, das wäre mir egal gewesen, da hätte es für einen Zehner im nächsten Laden ein neues gegeben. Nein, natürlich war es ein spezielles System-Ladegerät für eine Kamera. Das kauft man nicht einfach so nach und schon gar nicht auf der Reise. Also geantwortet: wir kommen heute Vormittag nochmal vorbei und holen es ab.

Trotz Regenwetter war Dolly gut gelaunt. Irgendwie war sie während unseres gesamten Aufenthalts nur gut gelaunt. Sie sprang leise singend zwischen Küche und Esszimmer hin und her wie ein junges Reh und brachte nacheinander all die Speisen, die wir am Vorabend, wie hier üblich, auf einem entsprechenden Vordruck-Zettel angekreuzt hatten. Nur die Menge war hier irgendwie gegenüber den bisherigen Unterkünften um geschätzte 50% erhöht. Wir hatten wirklich Schwierigkeiten alles aufzuessen, was und Dolly nacheinander vorsetzte.

Nach dem viel zu üppigen Frühstück ging es zurück in Richtung Portree. Zunächst holten wir das vergessene Ladegerät ab, wobei wir erfuhren, dass wir in dieser Woche nicht die ersten Gäste waren, die nochmal zurück gefahren sind, um etwas Vergessenes abzuholen. Dann ging es nach Portree. Wir hatten es irgendwie bisher nicht geschafft, die Stadt einmal bei Tag anzusehen, und da wir nun schon einmal in der Gegend waren, bot sich ein erneuter Besuch an. Der Regen hatte gerade ein wenig nachgelassen, wenn auch nicht aufgehört, und so gab es schnell ein paar Fotos von den bunten Häusern am Hafen.

Nun macht das Fotografieren bei solch einem Wetter nicht allzu viel Spaß, inzwischen war auch der Regen wieder kräftiger geworden. So gab es nur noch einen kurzen Besuch beim örtlichen Lebensmittel-Nahversorger, dem bereits bekannten Coop, denn unser allabendlicher Feierabend-Whisky war zu Ende gegangen. Wir waren gerade noch rechtzeitig in dem Geschäft, denn in dem Moment hielt ein Bus auf der Straße davor und öffnete seine Türen, aus denen sogleich eine größere Menge Asiaten quoll. Diese schickten sich an, den Laden zu stürmen. Was das bedeutete wussten wir ja schon von unserem Besuch im Flodigarry Hotel am Tag zuvor. Und diesmal war es ein richtiger Reisebus, kein 20-Platz-Minibus wie am Kilt Rock. Schnell ergriffen wir die Flucht zurück zum Auto, wo wir feststellten, dass die Softshell-Jacken tatsächlich den Regen abgehalten hatten.

Was macht man an einem Regentag auf Skye? Irgendetwas anschauen, wo man hineingehen kann. Und da sich in unserer Nähe die einzige Whiskybrennerei (und dazu noch eine meiner bevorzugten) befand, steuerten wir diese an. Der Parkplatz war zwar einigermaßen geräumig, jedoch hatten an diesem Regentag noch viele andere Leute dieselbe Idee wie wir. Es gelang uns aber trotzdem recht schnell, den Parkplatz eines gerade wegfahrenden Autos zu ergattern. Dann gingen wir in das Besucherzentrum.

Hier ging es schon etwas anders zu als bei Glendronach, wo man noch den Eindruck einer familiär geführten Destille hat. Hier war das Ganze viel mehr organisiert. Es gab einen großen Tresen mit Informationsmaterial auf und mehreren, einheitlich gekleideten Damen dahinter, die bereitwillig jedem Gast Auskunft erteilten. Die Brennerei-Führungen waren hier straff durchorganisiert. Es gab mehrere Führer und die Führungen starteten alle 20 Minuten, von 9 Uhr bis 16 Uhr.

Plötzlich sahen wir in der Menge der Besucher das Düsseldorfer Paar aus dem letzten B&B. Diese hatten natürlich dieselbe Idee zur Nutzung des Regentags wie wir. Also beschlossen wir, zu viert eine Führung zu machen. Die frühest mögliche Führung, auf der noch vier Plätze zu haben waren, startete um 15:20 Uhr. Wir kauften die Karten und überlegten dann, wie wir die Zeit bis dahin verbringen wollten, denn es war gerade einmal 13 Uhr, also waren noch über zwei Stunden Zeit.

In unserer ersten Unterkunft auf Skye hatte uns die Besitzerin einen Tipp gegeben: falls wir mal frische Meeresfrüchte oder Fisch essen wollten, sollten wir die Oyster Shed[46] besuchen. Diese war von hier gerade einmal 200 Meter entfernt. So brauchten wir unsere Parkplätze nicht aufzugeben und liefen durch den Regen einen kleinen Hügel hinauf zur Oyster Shed.

Shed heißt übersetzt Stall oder Schuppen und das trifft es ganz gut. Die Oyster Shed ist in einer Lagerhalle untergebracht, in der man Krabben, Muscheln, Austern, Fisch, aber auch Wildfleisch, Honig, Käse und mehr kaufen kann – alles was Meer, Wälder, Felder und die Landschaften von Skye, den anderen Inseln und den Highlands an Köstlichkeiten hergeben. Und besonders die Meeresprodukte sind wirklich richtig frisch, man kann hier tatsächlich noch die Fischer sehen, wenn sie ihren Fang in die Halle tragen.

Die Oyster Shed ist ein kleines Familienunternehmen. Außerhalb der Lager- und Verkaufshalle steht eine kleine Bude, in der ein Mann auf einem Grill Fisch zubereitet. Man bezahlt innen und holt sich dann das frisch zubereitete Essen mit einem Bon an der Grillbude ab. Danach kann man es an hinter der Halle aufgestellten Bänken und Tischen verzehren. Einen weiteren Ort, wo man für £8,00 einen halben Hummer oder für £12,00 acht Jakobsmuscheln bekommt, muss man in Schottland vermutlich lange suchen. Es geht hier zwar recht rustikal zu, ist aber eindeutig eine Empfehlung wert.

Verkaufsraum der Oyster Shed

So verging die Zeit und irgendwann sappten wir wieder durch den Regen zurück zur Talisker-Brennerei. Bis zum Beginn der Führung war noch immer eine Menge Zeit. So hatten wir noch die Gelegenheit, das Besucherzentrum besichtigen. Der rechte Teil des großen Raums war ausschließlich dem Merchandising vorbehalten. Hier kann man T-Shirts, Sweatshirts, Regenjacken und normale Jacken, Stoffbeutel, Regenschirme, Mützen und noch vieles mehr, alles natürlich mit Talisker-Aufschrift erwerben. Alles zu Preisen, die die eines normalen Bekleidungsgeschäfts noch übersteigen. Dafür dass man dann damit für die Brennerei noch gratis Werbung läuft fand ich die Preise relativ unverschämt.

Neben der Kleidung gehört ein großer Bereich des Verkaufsraumes natürlich den Whiskys. Neben Flaschen aus anderen Brennereien gibt es hier natürlich vor allem Whiskys aus eigener Herstellung. Am interessantesten sind dabei die alten Abfüllungen der Brennerei. Hier findet man Flaschen mit 25, 27, 30 und sogar 35 Jahren Alter. Diese sind hinter Glas auf einem schicken Designerregal aus Holz und blauer Kordel aufgestellt, angestrahlt von diversen Halogenlampen. Die Preise, zumindest die der Standard-Whiskys, sind hingegen utopisch, wenn man bedenkt, dass man sich hier im Direktverkauf die gesamten Kosten der Lieferkette einspart.

Ich habe im Anschluss an die Reise die Preise auf den gemachten Fotos mit denen der deutschen Händler verglichen. Talisker war bei fast allen Flaschen zwischen 20% und 50% teurer als hier. Für den „Talisker Skye", den es sogar bei meinem Getränkehändler um die Ecke gibt, wollte man bei Talisker satte £39,00 – bei einem Pfundkurs von 1,15€ sind das fast 45€; ein üblicher Ladenpreis sind 30 bis maximal 35€. Lediglich der 18-jährige Talisker war mit £70,00 (ca. 80€) vergleichsweise günstig, den bekommt man in Deutschland selten unter 90€. Fazit: in Schottland kauft man keine Whiskys, um sie mit nach Hause zu nehmen. Die Preise sind, nicht nur wegen der höheren Alkoholsteuer[11] im Königreich, deutlich höher als daheim und außerdem ist die Transportkapazität ja bei einer Reise sowieso begrenzt, zumindest wenn man mit dem Flugzeug reist.

Talisker-Brennerei

Interessanter fand ich den linken Teil des Visitor Centres. Hier ist anschaulich in Bildern und Texten die Geschichte der Brennerei dargestellt.

Die Geschichte der Talisker-Brennerei

Talisker ist momentan die einzige Destillerie auf der Insel Skye. Sie befindet sich auf der Minginish-Halbinsel, die vor 50 Millionen Jahren aufgrund vulkanischer Aktivität entstand. Viele Jahrhunderte lang besaßen die verschiedenen Clan-Chefs das Land. Deren Vertreter verpachteten es und die Pächter versuchten, dem Land die Früchte abzugewinnen, die sie zum Leben brauchten. Um das Jahr 1830 aber segelten viele kleine

---

11   Die Alkoholsteuer ist in Großbritannien etwa dreimal so hoch wie in Deutschland, wo für eine 0,7 Liter Flasche Whisky mit 40% Alkohol €3,65 Branntweinsteuer erhoben werden.

Bauern infolge der berüchtigten Highland Clearances in Richtung Amerika, um dort ein neues Leben zu beginnen. Bei den Highland Clearances fingen die Gutsherren an, schonungslos und unbarmherzig die Menschen von ihrem Land zu vertreiben, weil sie es zur Aufzucht von Schafen benötigten. Noch heute sagt man, dass es in Schottland mehr Schafe als Menschen gibt. Zumindest in den Highlands hatten wir denselben Eindruck.

Der Bau der Talisker-Brennerei brachte glücklicherweise neue Arbeitsplätze hierher, sowohl für deren Bau, als auch später für den Betrieb. Heute ist die Brennerei ein wichtiger, lokaler Arbeitgeber und den Inselbewohnern eine wichtige Quelle für wirtschaftlichen Wohlstand.

Die Talisker-Bay an der Westküste, etwa vier Meilen westlich der Brennerei, offenbart einen schönen Strand mit Steinen und weißem und schwarzem Sand bei Ebbe. In den Bergen nahe der Bay befindet sich das Talisker House, ein hübsches Wohnhaus aus dem 18. Jahrhundert. Die Talisker Brennerei wurde in Teilen auf dem Grundstück erbaut, dass zum Talisker House (und damit zum Clan MacLeod) gehört und hat aus diesem Grund damals denselben Namen angenommen.

Die Brennerei wurde 1830 gegründet und 1831 an der heutigen Stelle erbaut. In den Jahren 1880 bis 1887 wurde sie neu aufgebaut. 1892 wurde ein neuer Pachtvertrag für das Gelände mit dem Clan-Chef der MacLeods verhandelt. Die jährlich zu zahlende Pacht wurde auf £23 und 12 Shilling sowie einem 12-Gallonen-Faß Talisker-Whisky bester Qualität festgelegt. Prost!

Im Jahr 1900 wurde die Brennerei erweitert und im Jahr 1960 neu aufgebaut, nachdem ein Feuer im Brennhaus das Gebäude vollständig zerstört hatte. Ein Zeitungsausschnitt, der von dem Feuer berichtete, ist im Visitor Centre ausgestellt. Demzufolge verursachte Alkohol, der von einem undichten Rohr tropfte und irgendwann Feuer fing den Brand.

Die Jahresproduktion von Talisker liegt bei ca. 1½ Millionen Litern Whisky.

Ein größeres Plakat zeigt, für eine Brennerei untypisch, auf etlichen Bildern, manche in schwarzweiß, verschiedene Menschen auf der Insel Skye bei der Arbeit, ganz ohne Whisky und ohne Bezug zu diesem. Daneben ein Spruch der mir sehr gefiel: To live on Skye you need to be... resilient, inventive, humorous, tough, self-sufficient, waterproof, patient, lucky. Zu Deutsch: Um auf Skye zu leben, musst du sein... belastbar, erfinderisch, humorvoll, zäh, eigenständig, wasserdicht, geduldig, glücklich!

Die Besichtigung der Brennerei selber war eher uninteressant, man durfte nämlich dabei nirgendwo fotografieren. Angeblich wegen Explosionsgefahr aufgrund von Alkoholdämpfen, aber der wahre Grund dürfte wohl ein anderer sein, denn bei Glendronach war fotografieren nirgendwo verboten. Zum Abschluss der Besichtigung gab es dann einen Talisker Storm zu verkosten, der Gott sei Dank Jana nicht schmeckte – so gab's für mich zwei!

Nun verabschiedeten wir uns von den Düsseldorfern und diesmal sollte es endgültig sein, denn im verbliebenen Urlaub sahen wir uns tatsächlich nicht mehr wieder. Zurück in Broadford war es noch zu früh zum Abendessen. So entschlossen wir uns, noch nach Elgol zu fahren. Von Elgol aus gibt es Bootstouren zum Loch Coruisk, mehr dazu im nächsten Kapitel.

Heute wollten wir nur schauen, zu welchen Uhrzeiten die Boote abfahren, denn das Wetter sollte morgen wieder besser werden. Und natürlich brauchten wir noch irgendeine Beschäftigung für den Rest des Tages, denn die Abfahrtszeiten selber hätte man sicher auch im Internet herausgefunden.

Der Regen hatte aufgehört, doch die Gipfel der Berge entlang der kleinen Straße nach Elgol waren nach wie vor in Wolken gehüllt. Eine eigentümliche, aber nicht unangenehme Stimmung. Und auch auf dieser Strecke gab es wieder eine verfallene Kirche mit angebautem Friedhof zu entdecken. Als besonderes Highlight liefen hier die Schafe zwischen den Grabsteinen umher und hielten das Gras kurz.

Schafe auf dem Friedhof als natürliche Rasenmäher

Heute gibt es nur noch die kleine Straße, die B8083, die von Broadford nach Elgol führt. Doch zumindest die ersten 3 ½ Meilen, bis zum Loch Cill Chriosd, fuhr früher einmal eine Eisenbahn. Diese Information und den Grund dafür erfährt man auf einer Schautafel am Loch: südlich desselben wurde früher einmal Marmor abgebaut.

Skye-Marmor

Anfang des 20. Jahrhunderts, als das Verbauen von Marmor modern wurde, hatte der Skye-Marmor einen ähnlich hohen Stellenwert wie der aus dem italienischen Carrara. 1907 wurde eine entsprechende Firma gegründet und vor Ort sowohl eine große Fabrik, als auch eine Eisenbahnlinie in Schmalspurausführung (die Angaben der Spurweite schwanken zwischen 36 und 42 Zoll, also zwischen 914 und 1067 mm) gebaut, um den Marmor die 3 ½ Meilen bis zum Pier in Broadford zu transportieren. Die Eisenbahnlinie fuhr bis an den Steinbruch, außerdem gab es einen Abzweig zu der Fabrik. Die Kosten beliefen sich auf £30.000, darin eingeschlossen war der Bau einer Brücke über den Broadford-Fluss, damit man die Linie bis zum Pier legen konnte.

Der Marmor wurde aus den höheren Hängen der Berge gebrochen und dann zu der Fabrik hinuntergebracht, wo er geschliffen und poliert wurde. Das dazu benötigte Wasser kam von einem Damm in den Bergen und wurde über Rohrleitungen nach unten geleitet. Teile der damaligen Fabrik stehen noch als Mauerreste in der Landschaft.

In Elgol selber gibt es nicht viel zu sehen. Es besteht eigentlich nur aus einer größeren Halle, deren Sinn sich uns nicht erschlossen hat, denn so etwas wie Mehrzweckhallen kennen wir nur von größeren Ansiedlungen, wo genügend Menschen wohnen, um so eine Halle zu nutzen. Von der Halle aus führt ein noch kleineres Sträßchen hinunter ans Meer. Hier gibt es die Elgol Primary School, der Größe nach zu urteilen bietet sie Platz für drei bis vier Kinder, und den Hafen. Da wir aus den Schildern der Bootsfahrt-Anbieter nicht so recht schlau wurden, kehrten wir um und beschlossen, uns anderweitig Rat einzuholen.

Nach dem Abendessen gingen wir zurück ins Clisham B&B, köpften eine schon vor Längerem gekaufte Flasche Wein und luden Dolly dazu ein. Natürlich wusste Dolly, welches Boots-Unternehmen zu empfehlen war und dass sie am besten morgen Früh dort anrufen und einen Termin für uns ausmachen würde. Perfekt!

Koordinaten:

N57.2996	W6.3580	The Oyster Shed
N57.3028	W6.3556	Talisker

Tag 15

Dienstag, 13. September 2016. 76 km gefahren.

Tagesprogramm:

- Broadford
- Bucht bei Heast
- Loch Coruisk

Früh um 9 Uhr war der Himmel noch grau, doch nach dem Frühstück riss er auf und die ersten blauen Stellen zeigten sich. Heute würde ein schöner Tag werden. Dolly rief den Bootsunternehmer ihres Vertrauens an und gab mir dann das Telefon. Ich vereinbarte einen Termin um 15 Uhr, um den letzten Wolken noch etwas Zeit zum Abziehen zu geben. Dann ging es zunächst zu Fuß nach Broadford, um Geld vom dort vorhandenen Geldautomaten zu holen.

Die Kamera hatte ich natürlich dabei, und das erste Mal blieb ich bei einer kleinen Handwerkersiedlung in der Nähe des Piers hängen. Eine Bildergalerie, ein Bäcker, ein Friseur und ein Laden mit handgestrickter Kleidung hatten sich hier angesiedelt. Dahinter die Bootsanlegestelle, momentan lagen die Boote aber aufgrund der Ebbe im Trocknen. Ein Reiher war damit beschäftigt, im Schlick und Tang, der bei Ebbe sichtbar war, nach Insekten zu suchen. Die aufgegangene Sonne zauberte bunte Farben auf die restlichen Wolken über dem Meer. Wie so oft in Schottland wieder ein toller Anblick.

100 Meter weiter war der Skye Market Square, ein kleiner Platz mit ebenso kleinen Holz-

häusern. In diesen wurden Bücher, Antiquitäten, Takeaway-Food, Kleidung, Geschenke, Andenken und mehr verkauft. Zwischen den Häusern war ein Tisch aufgebaut, der mit Porzellan, Krügen, Vasen und Gläsern vollgestellt war. Im Buchladen lag eine Katze auf einem Stuhl und ließ sich streicheln. Der Besitzer des Ladens erklärte mir, die Katze sei im letzten Winter hierher gekommen und lebe nun hier. Jeder der Budenbesitzer gibt ihr etwas und das scheint ihr so zu gefallen, dass sie fest eingezogen ist.

Im Antiquitätenladen kauften wir eine kleine Porzellanfigur für Dolly, die sollte sie heute Abend bekommen. Dann fuhren wir zunächst zurück zum B&B. Es war 12 Uhr Mittags. Was konnte man nun drei Stunden lang noch Sinnvolles tun? Unser Termin für die Bootsfahrt war ja erst um 15 Uhr. Auf der Landkarte entdeckte ich, dass die Straße, an der das Clisham lag, weiter führte in Richtung Süden, über ein kleines Gebirge, bis zum Strand am Loch Eishort, einer Meereszunge, die das nördliche Ende der Halbinsel Sleat von dem Teil Skyes trennte, auf dem wir uns gerade befanden. Ich fragte Dolly und sie meinte, ja, da könne man hinfahren, es wäre eine sehr schöne Bucht. Außerdem hätte ihr Sohn oft dort in den Bergen zu tun, denn da würde seine Rinderherde leben. So war klar, was wir die nächsten drei Stunden tun würden.

Wir fuhren also los, über eine Straße, die so schmal ist, dass sie nicht einmal über eine eigene Nummer verfügt – gerade mal dass sie geteert war! Aber die Strecke betrug nur knapp 5 Meilen. Ab und zu mussten wir bremsen, um auf der Straße liegenden Kühen auszuweichen. Wir hielten aber sowieso gelegentlich an, um Fotos zu schießen. Irgendwann erreicht man auf der Fahrt ein Ortsschild mit der Aufschrift „Heasta" (engl.: Heast). In dem sich an der Straße entlang streckenden Ort standen tatsächlich, etwas nach hinten von der Straße versetzt, einige (vielleicht 30) Häuser. Wir folgten der Straße weiter bis zu ihrem Ende am Meer und stiegen aus.

Die Bucht bei Heast hat keinen Namen, zumindest konnte ich in keinen Karten und auch in der Google-Map nichts finden was auf einen Namen hindeutet. Das macht sie aber bei Weitem nicht unattraktiv. Im Gegenteil, einen idyllischeren Ort konnten wir uns zu diesem Zeitpunkt kaum vorstellen. Der Himmel war blau, nur ein paar weiße Schönwetterwolken waren unterwegs. Rechts neben der Straße ein kleiner Bach, der in das Loch Eishort in einer Art kleinem Delta mündete. Eine Fußgängerbrücke aus Eisenträgern führte über den Bach zu einem Häuschen, umgeben von einer Mauer aus Natursteinen. Auf dem Bach schwammen fünf Gänse in Richtung Meer.

Am Strand ein ausgedienter, verrostender Fischkutter, der aber nicht hässlich wirkte, sondern sich irgendwie harmonisch in das Gesamtbild einpasste. Daneben führte ein Schwimmsteg aus Metallgittern, die auf leeren Fässern befestigt waren, etwa 30 Meter auf das Wasser hinaus. Ein paar kleine Boote fuhren friedlich auf dem stillen Wasser der Bucht. Am anderen Ufer sah man die Berge der Halbinsel Sleat, dazwischen das blaue Wasser des Meeres. Hier hätten wir stundenlang sitzen und nur die Gegend anschauen können. Obwohl Dolly sagte, dass die Bucht sehr beliebt als Ausflugsziel sei, war kein Mensch außer uns hier, abgesehen von den Menschen auf den paar Booten natürlich. Ein Idyll was seinesgleichen sucht, und welches wir so etwa eine dreiviertel Stunde lang genossen. Dann drehten wir um und fuhren zurück, denn wir wollten ja noch nach Elgol.

Idylle bei Heast

Kurz hielten wir am B&B an, doch schon bald ging es weiter. Die 15 Meilen lange Strecke kannten wir ja schon vom Vortag, nur mit der Ausnahme, dass es heute trocken war. So kamen wir gegen 14:30 in Elgol an, zwängten uns in eine der frei gewordenen Parkbuchten an der Straße und gingen dann hinunter zum Hafen, der nur aus einem Anlegesteg sowie zwei Buden besteht, in denen die Anbieter der Bootsausflüge stehen und Karten sowie Andenken, Mützen, Snacks u.s.w. verkaufen. Wir gingen hin, sagten unseren Namen und dass wir für 15 Uhr reserviert hätten, zahlten und bekamen die Karten. Die Fahrt pro Nase kostete £24,00. Die Wartezeit bis zum Start der Tour verkürzten wir uns wie so oft mit dem Anfertigen von Fotos der Gegend.

Blick vom Hafen in Elgol in Richtung Loch Coruisk

Schließlich kam unser Boot angefahren, die Misty Isle. Es fasste außer uns beiden und den beiden Besatzungsmitgliedern vielleicht noch 15 bis 20 weitere Personen, darunter eine Fotografin, einen Herrn im Anzug (ungewöhnlich auf so einer Tour) und eine Dame im Brautkleid (noch ungewöhnlicher). Offensichtlich, so dachten wir, hatten die beiden gerade geheiratet und wollten die Kulisse für ein paar schöne Hochzeitsfotos nutzen.

Das Boot legte ab und der „Kapitän", wenn man ihn so nennen will, verlor ein paar Worte über das Boot, die Gesellschaft der es gehörte und zu unserem Ziel an sich, dem Loch Coruisk.

Loch Coruisk – einsam, bis die Boote anlegen

Loch Coruisk ist ein Süßwassersee am Fuß der Gebirgslandschaft Black Cuillins, welche den See von drei Seiten praktisch einschließt. Der höchste Berg ist mit 993 Metern der Sgùrr Alasdair, welcher gleichzeitig auch der höchste Berg der Hebriden ist. Das „black" im Namen des Gebirges kommt von dem dunklen, fast schwarzen Gestein Namens Gabbro, einer Variante des Basalt, aus denen die Berge vorwiegend bestehen und der ihnen die dunkle Färbung verleiht. Wie so viele Seen in Schottland hat auch dieser See sein eigenes Fabelwesen, welches in ihm lebt – in diesem Fall ein Wassergeist.

Der See ist knapp 3 Kilometer lang und ca. 350 Meter breit. Will man von Elgol aus zu diesem See, so kann man entweder, wie wir, mit dem Boot fahren (die bequemste Variante), oder von dort eine Wanderung zum See machen, wobei an einer bestimmten Stelle (genannt „the bad step") allerdings Schwindelfreiheit und einiges an Geschick und Erfahrung notwendig ist. Ich kenne die Strecke nicht persönlich, es gibt aber ein knapp 10-minütiges Youtube-Video[47], welches beeindruckend zeigt, warum diese Stelle alles andere als eine leichte Bergwanderung ist.

Von Norden aus erreicht man Loch Coruisk über die Bergkette der Black Cuillins in einer knapp 8 Meilen langen Bergtour.

Loch Coruisk zählt durch seine Abgeschiedenheit zu ei-
ner der einsamsten Stellen ganz Großbritanniens. Und
noch einen Rekord hält der See: über den Fluss Sca-
vaig entleert er sich in die unter ihm liegende Meeres-
bucht. Der Scavaig überbrückt dabei eine Distanz von
gerade einmal 300 Metern und ist somit der kürzeste
Fluss ganz Großbritanniens.

Bevor wir anlegten machte das Boot noch einen kleinen Abstecher zu einer vorgelagerten Insel, auf der es
sich Seehunde bequem gemacht hatten. Hier bot sich
ausreichend Gelegenheit, die zu dieser Zeit sehr faulen
Tiere zu fotografieren. Die meisten lagen einfach herum und genossen die Sonne – wer könnte es ihnen
verdenken!?

Vorbei ging die Bootsfahrt an hoch aufragenden Bergen, teilweise mit Wasserfällen, teilweise mit Bachläu-
fen fast vom Gipfel bis hinunter zum Meer. Das Wetter war super, trotzdem waren einige der höchsten
Gipfel in weiße Wolken gehüllt. Nun näherten wir uns
der Anlegestelle, wo auf einem großen Felsen schon
etwa 20 Personen warteten, denn der Besuch des Loch
Coruisk mit dem Boot läuft so ab: Das Boot bringt
Leute an den See, diese steigen aus und erkunden die
Gegend zu Fuß. Das Boot fährt inzwischen zurück
nach Elgol. Zwei Stunden später kommt das Boot zurück, bringt neue Besucher und sammelt die zurück-
gelassenen wieder ein. So setzt sich das fort bis zur
letzten Fahrt, bei der dann nur noch Personen zurück-
gebracht werden. Das Boot liegt zwischen Ankunft

und Abfahrt etwa 20 Minuten vor Anker, man könnte also tatsächlich gleich nach der Ankunft wieder mit zurückfahren. Das macht in der Regel aber niemand, denn man will ja die Gegend sehen. Die Ausnahme zur Regel sollten wir später noch kennenlernen.

Die Anlegestelle besteht aus ein paar in einem großen Felsen verankerten Stahlleitern. Das Bootspersonal ist beim Aussteigen behilflich. Wir bekamen beim Landgang eine Uhrzeit genannt, zu der wir uns wieder hier einfinden sollten. Etwa zwei Stunden blieben uns.

Berg der Cuillin Mountains kurz vor Loch Coruisk

Nun befanden wir uns an Land. Zum See waren es etwa 500 Meter zu laufen. Das Gelände hier ist felsig, aber einfach. Dann sieht man den kürzesten Fluss Britanniens (siehe Info oben) und kurz darauf Loch Coruisk in voller Schönheit, umgeben von den Cuillin Mountains, die kleine Wasserfälle in den See ergießen.

Das klare Wasser des Sees spiegelt das Blau des Himmels mit seinen einzelnen, weißen Wolken. Aber noch etwas fällt auf: obwohl wir uns hier fast auf Meereshöhe befinden, also weitab von dem, was man im Gebirge als Baumgrenze kennt, ist kein einziger Baum zu sehen. Lediglich grünes Gras wächst überall, aber kein höheres Gewächs, nicht einmal ein Busch. Ein bisschen hat der Anblick etwas von einem Almsee in den Alpen auf 2.000 Meter Meereshöhe, wenngleich diese Seen natürlich kleiner sind. Nur die Temperatur war unpassend, denn hier befanden wir uns ja auf Meereshöhe und es war entsprechend warm. Man kann sich kaum satt sehen an dieser eigenartigen, aber auch wunderschönen Landschaft. Wie in einem Fantasy-Film fühlt man sich an diesem Ort. Es würde einen hier nicht wundern, wenn plötzlich ein paar Hobbits hinter einem Felsen hervorkommen würden.

Hier fließt des Scavaig, der kürzeste Fluss Großbritanniens, ins Meer

Braut, Bräutigam, Fotografin und zwei weitere Personen hatten einen kleinen, erhöht liegenden Hügel erklommen. Aber nicht nur, wie vermutet, um Aufnahmen zu machen. Eine weitere Dame stand bei ihnen und las etwas aus einem Buch vor. Ich war etwa 100 Meter entfernt und konnte nicht hören, was sie sprachen, aber eigentlich war es klar: hier fand eine Trauung statt. Und die Dame mit dem Buch war die Standesbeamtin. Die Annahme wurde uns dann später auch bestätigt. Loch Coruisk ist wohl sehr beliebt für Trauungen. Wobei man eingestehen muss: das Panorama ist wirklich traumhaft, solange das Wetter mitspielt. Und in Anzug und Brautkleid auf eine, wenn auch leichte Bergwanderung? Dafür gibt es zweckmäßigere Kleidung. Aber jedem das Seine.

Wir gingen zurück zu der Stelle, an der der Fluss ins Meer mündet und setzten uns auf einen Felsen. Auch hier hatten es sich etliche Robben auf der kleinen Felseninsel Eilean Glas niedergelassen, einige von ihnen spielten im Wasser. Sie tauchten dabei unter, schwammen unter Wasser eine ganze Strecke und tauchten dann an einer ganz anderen Stelle wieder auf. Trotz längerer Beobachtung ist es uns nicht gelungen, ein Foto einer auftauchenden Robbe zu schießen. Es schien fast so, als machten sich die Robben einen Spaß daraus, gerade da wieder aufzutauchen, wo wir und unsere Kameras gerade nicht hinsahen.

Irgendwann zwischen 17 und 18 Uhr kam die Misty Isle wieder angefahren. An Bord waren jetzt nur eine handvoll Leute, darunter drei Asiaten, zwei Männer und eine Frau, alle vielleicht Anfang bis Mitte 20. Während die Männer normal gekleidet waren, begeisterte die Frau durch ihre schrille Kleiderwahl: schwarze Stiefeletten (also geradezu ideal, um sich auf felsigem Untergrund zu bewegen), darin weiße Socken, ein blauer Minirock mit einem Muster aus kleinen, weißen Vögeln, ein rosa Fleecemantel mit Kapuze, dazu eine riesige Handtasche in knalligem Lila und auf dem Kopf eine viel zu große Sonnenbrille, mit der sie an „Puck, die Stubenfliege" erinnerte.

Nachdem alle Passagiere ausgestiegen waren, machten wir und die anderen Gäste unserer Tour uns an den Einstieg. Nach und nach trudelten alle ein, auch das Brautpaar nebst Standesbeamtin und Fotografin war wieder an Bord und nun köpften sie zur Feier des Tages erst einmal eine Flasche Sekt. Der Zeitpunkt der Abfahrt war gekommen, nur fuhr das Boot nicht los. Zehn Minuten später sprach der Bootsführer zu uns, entschuldigte sich für die Verspätung, aber sie würden noch auf ein paar Fahrgäste warten, und bevor die nicht da wären, würde das Boot nicht abfahren können, denn es wäre heute die letzte Fahrt vom Loch Coruisk zurück.

Die Zeit verging und der Kollege des Kapitäns stieg immer wieder an Land, dort auf einen höheren Felsen und sah in die Gegend. 20 Minuten nach dem geplanten Abfahrtstermin entdeckte er die fehlenden Passagiere. „They're comin'", rief er ins Boot. Zwei Minuten später schlenderten in der allergrößten Seelenruhe die zwei Asiaten mit ihrer bunt gekleideten Freundin zum Steg. Sich keiner Schuld bewusst und sich natürlich auch nicht entschuldigend stiegen sie ins Boot und fingen in alter Manier an, sich gegenseitig zu fotografieren, wobei die Permutationen der Fotos hier relativ eingeschränkt waren, denn es gab nur zwei Kameras. Der eine Mann hatte eine Kamera, der andere ein Smartphone und die Frau hatte nichts an optischen Geräten zur Verfügung, außer ihrer Puck-Brille natürlich, aber mit der konnte sie keine Fotos machen. Offensichtlich fungierte sie lediglich als Model für schlechte Kleiderwahl.

Die „Misty Isle" legt an, um die Besucher wieder abzuholen

Mit knapp einer halben Stunde Verspätung fuhr das Boot nun endlich zurück nach Elgol, wo wir ins Auto stiegen und zurück zu Dolly ins Clisham fuhren. Dort erzählten wir von unseren Erlebnissen und erfuhren, dass die Standesbeamtin eine Deutsche ist, die vor einigen Jahren nach Schottland auswanderte und vorwiegend Trauungen am Loch Coruisk vornimmt. Man kann dafür inzwischen sogar Komplettpakete mit Transport im Auto nach Elgol, Schifffahrt, Trauung und Rücktransport kaufen. Es sei wohl ein momentan sehr beliebter Trend.

Damit neigte sich unser letzter Tag auf Skye dem Ende entgegen. Natürlich erzählten wir auch von unserem Verspätungs-Erlebnis mit den Asiaten. „Oh yes, I know", meinte Dolly. „They are always late, sometimes impolite, and they always dress up like caspars!" Alles klar, alle Beobachtungen bestätigt. :-)

Koordinaten:

N57.1797	W5.8935	Bucht bei Heast
N57.1453	W6.1076	Hafen von Elgol
N57.1993	W6.1580	Loch Coruisk / Scavaig
N57.1948	W6.1492	The Bad Step
N57.1962	W6.1625	Felseninsel Eilean Glas

Tag 16

Mittwoch, 14. September 2016. 237 km gefahren.

Tagesprogramm:

- Eilean Donan Castle

- Dalwhinnie

- Blair Castle

Heute sollte es wieder eine längere Fahrt werden, denn heute ging die Reise von Skye zurück Richtung Osten bis Pitlochry. Ab jetzt war keine Unterkunft mehr von zu Hause aus vorbestellt, aber ich hatte, in weiser Voraussicht und in Erinnerung an unser Erlebnis mit der Zimmerreservierung in Thurso, bereits in unseren drei Tagen auf Skye etwas Passendes im Internet gesucht und online gebucht.

Es war bewölkt aber trocken, als wir Skye verließen. In Kyle of Lochalsh, dem ersten Ort direkt nach Überquerung der Skye-Bridge, hielten wir kurz an, um ein Foto der Skye-Bridge zu machen. Außerdem sieht man von dort aus gut die ersten Häuser auf Skye. Danach fuhren wir weiter zum Eilean Donan Castle[48], welches wir uns heute von innen ansehen wollten.

Hafen von Lochalsh. Im Hintergrund links die ersten Häuser auf Skye, rechts die Skye-Bridge

Direkt auf dem Parkplatz der Burg stand ein Dudelsackspieler im Kilt und gab seine Künste zum Besten. Natürlich warfen wir ihm etwas in seine Box, dafür gab er ein ausgezeichnetes Motiv ab, mit dem Schloss im Hintergrund. Danach kauften wir im Visitor-Centre (nicht nur Brennereien haben ein solches) die Eintrittskarten und sahen uns das Schloss von innen an. Leider darf man darin, wie schon auf Dunrobin Castle, ebenfalls nicht fotografieren, da das Schloss nach wie vor in Privatbesitz ist und die Besitzer Teile des Schlosses von Zeit zu Zeit tatsächlich auch selbst bewohnen.

Das Schloss des „Highlander"

Eilean Donan Castle liegt (bei Flut) auf einer kleinen Insel an dem Ort, an dem Loch Long, Loch Alsh und Loch Duich zusammentreffen. Als man es Anfang des 20. Jahrhunderts rekonstruiert hat, spendierte man eine steinerne Fußgängerbrücke, die es seitdem erlaubt, die Insel auch bei Flut trockenen Fußes zu erreichen. Das Schloss selber wurde hingegen schon im 13. Jahrhundert erbaut und wurde zur Festung des Clan MacKenzie und dem verbündeten Clan MacRae.

1719 wurde das Schloss durch Regierungstruppen zerstört, da der Clan Mackenzie in den Jakobiteraufstand verwickelt war. Erst Anfang des 20. Jahrhunderts (1919-1932) wurde es aus seinen Trümmern in der heutigen Form rekonstruiert, wobei auch die Brücke erbaut wurde. Was man also heute dort sieht, ist gerade einmal hundert Jahre alt, auch wenn es nicht so aussieht.

Die Leitung des Wiederaufbaus hatte Lieutenant Colonel John MacRae-Gilstrap, ein Britischer Armee-Offizier und Angehöriger des Clan MacRae. Er kaufte 1912 die Ruine der Burg. Außerdem errichtete er ein Kriegsdenkmal außerhalb des Schlosses, das den Angehörigen des Clan MacRae gewidmet ist, die im ersten Weltkrieg fielen. Das Denkmal trägt, unter einer großen Bronzetafel mit den Namen aller gefallenen MacRae-Angehörigen, einige Zeilen aus dem Gedicht „In Flanders Fields". Das Denkmal ist flankiert von zwei Kanonen aus dem 1. Weltkrieg.

*Seit 1955 kann das Schloss von der Öffentlichkeit be-
sichtigt werden. Es gehört zu den meistfotografierten
Motiven in ganz Schottland. Außerdem ist es beliebt als
Kulisse für Spielfilme. Der bekannteste dürfte „Highlander – es kann nur einen geben" sein, aber auch in „Braveheart", „Verlockende Falle" mit Sean Connery und
dem James Bond-Film „Die Welt ist nicht genug" spielte
Eilean Donan Castle mit, um nur einige zu nennen. Übrigens: wer genügend Geld mitbringt, kann das Schloss
auch mieten, zum Beispiel für eine Hochzeit.*

Nach Besichtigung des Schlosses und der Außenan-
lagen ging es für uns schon bald weiter. Immer Richtung Osten, entlang des Loch Duich, vorbei an Loch
Cluanie, Loch Loyne und Loch Garry. Bei Invergarry
bogen wir rechts ab, am Ufer des Loch Oich bis zu dessen südlichen Ende. Dann standen wir vor einer roten
Ampel, hinter der sich bald darauf eine Schranke wie
bei einem Bahnübergang schloss. Wir waren an der
„Laggan Swing Bridge" angekommen und genau in
diesem Moment wollte ein größeres Schiff die Wasser-
straße zwischen Loch Oich und Loch Lochy passieren.
Eine Swing Bridge ist im Prinzip dasselbe wie eine
Klappbrücke, nur dass diese nicht nach oben auf-
klappt, sondern seitlich beiseite „schwingt" wie eine
Tür. Das funktioniert erstaunlich schnell und schon
bald darauf konnte das Schiff, noch dazu ein altes
Dampfschiff, passieren – wieder einmal eine willkom-
mene Gelegenheit für ein paar Fotos. Gut dass wir
ganz vorn an der Schranke standen. Das Schiff pfiff
kurz wie eine Dampflok, nachdem es die Brücke pas-

siert hatte, als wollte es sich bei den Autofahrern für deren Geduld bedanken. Dann schwang die Brücke wieder zurück, die Schranken gingen auf und die Autos konnten weiterfahren.

Unser nächster Halt war an der Dalwhinnie-Brennerei, die mit 325 Metern über dem Meeresspiegel die am höchsten gelegenen (noch produzierende) Brennerei Schottlands ist. Obendrein ist es die Brennerei, die am nächsten am geographischen Mittelpunkt Schottlands liegt. Mit etwa 1,2 Millionen Litern Jahresausstoß gehört Dalwhinnie noch zu den eher kleinen Brennereien. Der Großteil des hier produzierten Whiskys fließt außerdem in die Blend-Industrie. Bei Dalwhinnie besuchten wir nur kurz das Visitor-Centre und machten ein paar Aufnahmen. Dann ging es unmittelbar weiter bis zu „Blair Castle and Gardens"[49]. Dieses Schloss steht am Südrand des Cairngorm Nationalparks. Das Schloss selber sahen wir uns nur von außen an, nahmen uns aber ein paar Minuten Zeit für die Besichtigung des Parks. Hier stehen herrlich große Bäume – man sagt, sie zählen zu den höchsten in ganz Schottland. Interessant ist außerdem noch, dass auf Blair Castle die einzige Privatarmee ganz Europas stationiert ist, die Atholl Highlanders. Sie stehen unter dem Kommando des Duke of Atholl, der gleichzeitig Chef des Clans Murray ist. Sein Stammsitz ist natürlich, wie könnte es anders sein, das Blair Castle.

In der Nähe von Blair Castle entdeckten wir noch drei Hochland-Rinder auf einer Weide, die sich gern von uns fotografieren ließen. Eines durften wir sogar kurz streicheln. Dann fuhren wir weiter nach Pitlochry, unserem heutigen Etappenziel. Der Ort hat knapp 3.000 Einwohner und das hauptsächliche Leben spielt sich an der Hauptstraße ab, die den Ort durchquert. Diese wurde 1725 erbaut und seitdem ist dieser Ort auch erst richtig erschlossen. Richtig bekannt wurde er dann 1842, als Queen Victoria im nahegelegenen Blair Castle verweilte.

Blair Castle

Während der Hauptreisesaison ist die Einwohnerzahl von Pitlochry durch Touristen vervielfacht. Als wir Mitte September hier waren, hielt sich der Ansturm aber schon wieder in Grenzen. Auch wir querten heute nur den Ort, um zu unserem B&B am anderen Ende des Ortes zu gelangen. Wir wollten aber am Tag darauf einen Stadtbummel hier machen. Zum Abendessen liefen wir in ein nahegelegenes Hotel, um nach dem Essen festzustellen, dass es stockdunkel geworden war. Leider war auch keinerlei Straßenbeleuchtung vorhanden. So liefen wir vorsichtig im Schein des Mondes und einer kleinen Schlüsselanhänger-Taschenlampe auf der Straße zum B&B zurück, denn auf einen Fußweg hatte man hier bei der Verkehrswegeplanung ebenso verzichtet.

Koordinaten:

N57.2740	W5.5161	Eilean Donan Castle
N57.0446	W4.8041	Laggan Swing Bridge
N56.9400	W4.2392	Dalwhinnie Distillery
N56.7736	W3.8577	Blair Castle

Nicht ganz ernst gemeintes „Hinweisschild" in einem Café

Tag 17

Donnerstag, 15. September 2016. 126 km gefahren.

Tagesprogramm:

- Edradour
- Pitlochry
- Dunkeld
- Dalmahoy-Hotel

Die erste Etappe des heutigen Tages war die Edra-dour-Brennerei. Hier buchten wir allerdings auch keine Führung, sondern machten nur ein paar Fotos, sahen uns die Brennereigebäude an (soweit wir kamen, denn auf das Gelände von Edradour darf man nur, wenn man eine Führung gebucht hat) und gingen einmal kurz ins Visitor Centre.

Edradour ist die kleinste (ernst zu nehmende) Whisky-Brennerei in ganz Schottland und darauf ist man auch stolz. „The Smallest Distillery in Scotland" ist als Untertitel auf dem großen Firmenschild zu lesen, welches gleich neben dem Eingang zum Visitor Centre steht. Durch das Gelände der Brennerei fließt der Bach Edradour Burn, ein Nebenarm des Flusses Tummel, der schon deutlich breiter ist und Pitlochry im Süden passiert. Klein sind auch die meisten Gebäude bei Edradour: Ein Stockwerk, nämlich das Erdgeschoss, welches nicht viel höher ist als die Eingangstür und darüber kommt gleich das Dach. Klein, aber hübsch anzusehen. Alle Häuser sind weiß und haben knallrote Türen. Auf sieben liegend aufgebauten Fässern direkt vor dem Besucherzentrum ist in schwarzen Lettern das Wort WELCOME zu lesen. Neben dem Eingang steht stilecht ein Schotte im Kilt und begrüßt die Besucher.

Das Produktionsgebäude ist das größte Gebäude der Brennerei. Die Produktion beläuft sich auf nur 100.000 Liter Whisky pro Jahr, welcher in nur zwei

Brennblasen (eine Wash Still und eine Spirit Still) gebrannt wird. Zum Vergleich: die bekannte Marke Glenfiddich schafft mit 28 Brennblasen einen Jahresausstoß von zehn Millionen Liter – sie ist aber auch eine der größten Brennereien. Der Edradour-Whisky ist so bekannt und beliebt, dass die beiden eher kleinen Brennblasen täglich in Betrieb sind, auch an Feiertagen und Wochenenden. Im Visitor Centre gab es natürlich vor allem eine Auswahl verschiedenster Edradour-Whiskys zu kaufen. Anders als bei Talisker kann man die Preise bei Edradour als fair bezeichnen, sie unterscheiden sich kaum von Ladenpreisen vor Ort. Darüber hinaus kann man hier auch einige Whiskys erwerben, die es nur hier gibt, sogenannte special releases. Wir haben wegen der schon genannten Transportproblematik im Flugzeug hier jedoch keinen Whisky gekauft.

Visitor-Centre der Edradour-Brennerei

Von Edradour war es nicht weit bis nach Pitlochry, wo wir das Auto am Ortseingang abstellten und dann bei wieder einmal bestem Wetter einen gemütlichen Bummel durch das hübsche Städtchen machten. Hier gibt es, obwohl der Ort wirklich nicht sehr groß ist, eigentlich alles an Geschäften, die für ein bequemes Leben nützlich erscheinen: Bekleidungsgeschäfte aller Art, einen Blumenladen, Apotheken, natürlich für die Touristen einige Andenkenläden, eine Bankfiliale, ein traditionelles Süßigkeitengeschäft, jede Menge Cafés, Eiscafés, Tearooms, Bars und Restaurants. Man merkt den touristischen Einfluss schon deutlich. Sogar einen Laden mit Weihnachtsartikeln kann man hier das ganze Jahr über besuchen.

Es lohnt sich aber durchaus, die Hauptstraße und gleichzeitig wichtigste Flaniermeile auch einmal zu verlassen. So entdeckten wir in einer Seitenstraße zum Beispiel den „Sweeney Todd Demon Barber", ein Friseurgeschäft mit schaurig-schöner Deko: Vor dem Eingang auf der Straße stand eine lebensgroße Puppe in der Gestalt von Freddy Krueger aus „A Nightmare on Elm Street". Und über das große Schild über dem Schaufenster blickten ein Totenkopf und ein Dämonenschädel auf den Fußweg hinunter. Wer möchte kann sich hier eine verrückte Frisur machen lassen. Haarschnitt gibt's ab £10, die Bartgestaltung mit offenem Rasiermesser ab £13. Wer noch ein paar Pfund drauflegt bekommt eine Gesichtsmassage, Abflammen der Ohr-Haare und eine Flasche Bier dazu. Und: Nein, ich habe es nicht persönlich ausprobiert. Die Informationen und Preise habe ich nach unserer Reise der Homepage des Barber-Shops[50] entnommen, die ich im Literaturverzeichnis am Ende des Buches aufführe. Auch ein paar lustige Fotos und Videos sind auf der Seite zu sehen. Der Laden scheint recht erfolgreich zu sein, denn es gibt inzwischen sogar schon eine weitere Filiale in Perth.

Langsam schlenderten wir zurück zum Auto, nachdem wir uns unterwegs je ein Thunfisch-Sandwich mitgenommen hatten. Unsere nächsten Etappe hieß Dunkeld. Dies ist eine Kleinstadt am Ufer des Flusses Tay, mit vielen kleinen, denkmalgeschützten Häusern. Was einem hier außerdem auffällt wenn man ein wenig durch die Stadt spaziert, ist die für einen solch kleinen Ort fast riesig anmutende Kathedrale, die am Südwestende des Ortes gelegen ist.

Die Kathedrale von Dunkeld

Auffällig an Dunkeld ist die große Kathedrale, die am Rand des Ortes in einer Art kleinem Park zu finden ist. Eine so große Kirche vermutet man nicht in so einem kleinen Ort. Man begann bereits im 12. Jahrhundert mit dem Bau der Kathedrale. Diese wurde danach bis hinein ins 16. Jahrhundert immer wieder erweitert. Obwohl die Kathedrale heute teilweise bereits eingefallen ist, sind andere Teile noch in Verwendung. So dient sie heute noch der Gemeinde Dunkeld als Kirche und auch als Aufführungsort für Konzerte. Integriert in die Kathedrale ist das Cathedral Museum[51].

Der Ort Dunkeld selber wurde 1689 in der Schlacht um Dunkeld komplett abgebrannt und so dem Erdboden gleichgemacht. Im frühen 18. Jahrhundert wurden die „Little Houses", die man heute hier sieht, teils aus den verbliebenen Trümmern erbaut. In den 1950ern wurden diese restauriert. Inzwischen sind sie in den Händen des „National Trust for Scotland".

Eine Katze hatte sich auf einer Bank vor der Kathedrale schlafen gelegt

Nachdem wir uns die Kathedrale und den sie umgebenden Park angesehen hatten, gingen wir noch ein wenig in Dunkeld spazieren. Auf der Hauptstraße bilden die kleinen Geschäfte, Hotels, Bistros, Cafés u.s.w. eine hübsche Straßenfront. In einem Café gab es einen Tee, danach ging die Reise weiter in Richtung Süden, vorbei an der Stadt Perth.

Auf der Südseite von Perth fuhren wir das erste (und auch einzige) Mal im ganzen Urlaub auf eine Autobahn, auf die M90, die Perth und Edinburgh verbindet. Edinburgh war unsere letzte Etappe des Urlaubs, hier hatten wir von unterwegs zwei Nächte im „Dalmahoy Hotel and Country Club" gebucht.

Bei Edinburgh fließt der River Forth ins Meer, der zugehörige Meeresarm ist der Firth of Forth. Schottland ist hier sozusagen vom Wasser eingeschnürt, denn auf der gegenüberliegenden (westlichen) Seite des schottischen Festlandes passiert das Gleiche nochmal, nur ist es hier der River Clyde und die Stadt ist Glasgow. Über den Firth of Forth führen verschiedene Brücken: die Forth Road Bridge, über die wir nun bald fuhren, eine Eisenbahnbrücke östlich davon und schließlich die im Jahr 2016 noch im Bau befindliche Brücke Queensferry Crossing westlich davon. Diese soll nach Fertigstellung den Motorway M90 über den Firth of Forth führen.

Die Brücken über den Firth of Forth, westlich von Edinburgh

Die Forth Road Bridge wurde zwischen 1958 und 1964 erbaut. Damals war sie die längste Brücke ihrer Art in ganz Europa. Als wir sie in Richtung Süden überquerten, war der gesamte Firth of Forth in Nebel gehüllt. Zur Linken konnten wir die Bögen der Eisenbahnbrücke sehen, die sich aus den Wolken erhob, darunter sah es aus als befänden wir uns im Flugzeug über der

Wolkendecke. Leider existiert davon nur ein einziges Foto, aus dem fahrenden Auto heraus aufgenommen. Wir hielten am Ende der Brücke kurz an und liefen ein Stück zurück, in der Hoffnung, noch ein gutes Nebelfoto machen zu können, doch es klappte nicht wie erwartet. Oder besser gesagt hätten wir auf der Brücke gut einen Kilometer zurück bis in deren Mitte laufen müssen. Wir beschlossen, am Tag darauf noch einmal hierher zu fahren, da wir dann mehr Zeit hatten.

Im Hotel angekommen bezogen wir unser Zimmer. Es war ein ehemaliges Marriott-Hotel und befand sich inmitten eines großen Golfparks, gut 10 Kilometer westlich von Edinburgh. Hier gab es herrlich viel Natur außen herum, wir waren aber auch ein ganzes Stück von Edinburgh entfernt. In einem Nebengebäude gab es neben einem Golf-Car-Verleih, Schwimmbad, Fitness-Center und einem Sportgeschäft auch ein vom Hotel unabhängiges Restaurant, welches wir zum Abendessen aufsuchten. Noch ein kleiner Spaziergang und Tag 17 neigte sich dem Ende entgegen.

Koordinaten:

N56.7015	W3.7020	Edradour-Brennerei
N56.7028	W3.7327	Sweeney Todd Demon Barber, Pitlochry
N56.5651	W3.5896	Kathedrale von Dunkeld
N56.0014	W3.4040	Forth Road Bridge

Tag 18

Freitag, 16. September 2016. 31 km gefahren.

Tagesprogramm:

- South Queensferry

- Edinburgh

Den letzten vollen Tag unseres Urlaubs wollten wir Edinburgh, der Hauptstadt Schottlands widmen. Ich saß nach dem Frühstück in der Empfangshalle des Hotels in einem Sessel und wartete auf Jana. Plötzlich wurde ich Zeuge, wie ein Feueralarm in einem Hotel ablief. Ein nicht sehr wohlklingender Ton lag in der Luft, und sämtliche Feuerschutztüren schlossen sich automatisch. Dann rannten alle Angestellten des Hotels hektisch und aufgeregt durcheinander und versuchten, alle Gäste möglichst schnell ins Freie zu geleiten. Irgendwann wurde dann auch Jana aus einem der Gänge gedrängt.

Da wir sowieso gerade aufbrechen wollten, störte das Tohuwabohu nicht weiter. Beim Frühstück wäre es deutlich lästiger gewesen. Und wären wir noch im Bett gelegen, natürlich noch blöder. Ach ja, und natürlich stellte sich das Ganze hinterher als Fehlalarm heraus, was mir aber schon fast klar war. Ein Angestellter hatte es irgendwie geschafft, einen Feuermelder auszulösen. Aber so konnten wir wenigstens sehen, wer außer uns noch so alles im selben Hotel verweilte, nun standen ja alle auf dem Parkplatz. Wir stiegen in unseren Leih-Corsa und fuhren los. Währenddessen stand das Hotelpersonal, welches gerade noch die Leute aus dem Gebäude gescheucht hatte, vor dem Hotel und winkte alle wieder hinein. Die anderen Gäste machten sich also wieder auf den Weg und trotteten langsam zurück ins nun doch nicht brennende Hotel.

Vor unserem Besuch in Edinburgh fuhren wir zunächst nach South Queensferry, um ein paar Bilder der Forth Road Bridge und der daneben liegenden Eisenbahnbrücke Forth Bridge zu machen. Ein bisschen hatten wir natürlich auch gehofft, noch einmal so schönen Bodennebel über dem Meeresarm zu sehen, aber heute war die Sicht klar. South Queensferry ist die Kleinstadt, die am Südende der beiden (beziehungsweise bald drei) Brücken liegt. Entsprechend gibt es auch auf der anderen Seite eine Ortschaft, diese heißt sinnigerweise North Queensferry.

Die Insel Inchgarvie

Ziemlich genau in der Mitte der rot lackierten Eisenbahnbrücke fällt eine kleine Insel auf. Die Felsen neben der Insel dienen als Fundament für einen der Stützpfeiler der Eisenbahnbrücke. Die Insel hat den Namen Inchgarvie und ist inzwischen unbewohnt. Dies war allerdings nicht immer so. Die ältesten Aufzeichnungen der Bewohnung der Insel gehen zurück bis ins 15. Jahrhundert. Als zwischen North und South Queensferry noch keine Brücken, sondern lediglich Schiffsverkehr herrschte, war die Insel ein strategisch wichtiger Stützpunkt. Und in den beiden Weltkriegen diente sie als Standort für Geschütze. Die ältesten Aufzeichnungen berichten von einem Fort, welches auf der Insel um das Jahr 1500 gebaut wurde. In den Jahrhunderten danach diente die Festung außerdem lange Zeit auch als Gefängnis.

Schon im Jahr 1878 begann man mit dem Bau eines Fundaments für eine geplante Brücke, die heutige Eisenbahnbrücke „Forth Bridge". Die Steine des Fundaments liegen noch heute, doch man stellte die Bauarbeiten wieder ein, als im Dezember 1879 beim sogenannten „Tay Bridge Disaster" während eines schweren

Sturms die bei Dundee gelegene Eisenbahnbrücke Tay Bridge einstürzte, während gerade ein Zug über sie fuhr. Im Jahr 1882 wurde, mit neuen Erkenntnissen des Brückenbaus, die man durch den Einsturz der Tay Bridge gewonnen hatte, mit dem Bau der heutigen Brücke begonnen, deren Einweihung 1890 stattfand. Annähernd 200 Züge täglich queren die Brücke heute.

Die Insel Inchgarvie und die Forth Bridge

Die dritte Brücke in der Region war bei unserem Besuch noch im Bau. Die Bauarbeiten begannen im Jahr 2011, die Fertigstellung soll 2017 erfolgen. So wie es im September 2016 aussah, glaube ich, anders als beim Flughafen BER, auch an den gesetzten Termin. Es fehlten nur noch wenige Straßenfragmente zwischen den bereits fertiggestellten Stützpfeilern und weiten Teilen der ebenfalls schon fertigen Fahrbahn[12].

An der Küste von South Queensferry findet man einen Gedenkstein mit der Aufschrift „The Binks". So wird

---

12 Die Eröffnung der „Queensferry Crossing" war tatsächlich am 30. August 2017, kurz vor Fertigstellung dieses Buches.

die hier auftretende Felsformation genannt, die flach ins Wasser abfällt. Bis etwa 1812 waren diese Felsen, die sozusagen einen natürlichen Anlegesteg bildeten, der Anlegeplatz für die „Fähre der Königin".

So genannt, seit Margaret (1058 bis 1093), zweite Ehefrau von Malcolm Canmore, König der Schotten, den Pilgrims und den Armen Schiffe für die Überfahrt und Unterkünfte auf beiden Küstenseiten zur Verfügung stellte.  Es kann angenommen werden, dass die Königin die Fähre auch selbst benutzt hatte, wenn sie zwischen Dunfermline und dem Schloss von Edinburgh reiste.

Im Auto fuhren wir weiter nach Ingliston. Das ist der Name des Stadtteils von Edinburgh, in dem sich auch der Flughafen befindet, fast genau südlich von South Queensferry. Dort befindet sich einer der vorhandenen Park-and-Ride-Plätze von Edinburgh, ca. 15 Kilometer vom Stadtzentrum entfernt. Man gelangt von dort ganz bequem mit der Tram direkt bis ins Zentrum der schottischen Hauptstadt. Für das Tagesticket, welches auch zum Gebrauch der städtischen Busse genutzt werden kann, zahlten wir jeder gerade einmal £4,00 – zum Vergleich: das Tagesticket in Nürnberg-Fürth kostet, Stand 2016, €7,90! Für die 4

Pfund fährt einen eine moderne Tram in etwa 20 Minuten bis ans Ziel, und während der Fahrt kann man sogar kostenloses WLAN benutzen. Hiervon könnten sich viele deutsche Verkehrsbetriebe eine Scheibe abschneiden in puncto Service und Komfort.

Zu Edinburgh selber möchte ich nicht allzu viel sagen. Knapp eine halbe Million Menschen leben hier und es gibt jede Menge Bücher, die sich allein mit dieser Stadt beschäftigen. Für uns war es nach all der Ruhe und Weite der Highlands und der anderen schottischen Landschaften, die wir in den vergangenen 2 ½ Wochen erleben durften, ein gewisser Kulturschock, den es erst einmal zu überwinden galt. Alles erschien auf einmal laut, wuselig und hektisch. Typisch für eine Großstadt.

Pub an der Ecke High Street / Jeffrey Street

Das berühmte Schloss von Edinburgh sahen wir nur aus der Ferne, machten ein paar Fotos vom Schlossberg und stürzten uns dann ins städtische Gewusel. Interessante Häuser und Geschäfte gibt es in jedem

Fall zu sehen, auch die verschiedenen Taxis sind durchaus einen Blick wert. Bald zogen wir uns in ein Café ein Stück abseits der Hauptgeschäftsstraßen zurück und überlegten, wie wir den Rest des Tages gestalten wollten. Wir hatten ja Tagestickets, und so stiegen wir einfach in einen Linienbus ein, der in Richtung Hafen fuhr.

An irgendeiner Stelle stiegen wir wieder aus und liefen ein paar Meter, bis wir schottische Flaggen auf dem Dach eines Gebäudes sahen. Ohne es vorher gewusst zu haben standen wir nun vor dem schottischen Parlamentsgebäude, oder besser gesagt vor einem der verschiedenen Regierungsgebäude, nämlich der Victoria Quay. Hier arbeiten keine Parlamentarier, dafür aber 2.200 Zivilangestellte der schottischen Regierung, was das Gebäude zum größten Regierungsgebäude in Bezug auf die Anzahl der hier arbeitenden Menschen macht. Das eigentliche Parlamentsgebäude befindet sich etwa zwei Kilometer weiter südlich, im Stadtteil Holyrood, im Osten des Stadtzentrums. Direkt gegenüber ist übrigens der Holyrood Palace, die offizielle Residenz der Queen in Schottland. Diese beiden Gebäude haben wir allerdings nicht gesehen.

Das schottische Parlament

Im Januar 1707 stimmte das schottische Parlament dem „Treaty of Union" (zu deutsch etwa: Staatsvertrag zur Vereinigung) zu. Am 28. April 1707 löste es sich auf. Damit vereinigten sich die Königreiche England und Schottland zum Königreich Großbritannien, welches fortan vom britischen Parlament in Westminster

regiert wurde. Das damals noch unabhängige König-
reich Irland fehlt hier noch als Mit-Namensgeber, denn
die Vereinigung mit Irland folgte erst im Jahr 1801.

Trotz etlicher Versuche, Schottland wieder unabhängig
von England zu machen, dauerte der „parlamentslose
Zustand" in Schottland fast 300 Jahre an. Erst im Jahr
1998 wurde durch den sogenannten Scotland Act, ein
vom Parlament des Vereinigten Königreichs erlassenes
Gesetz, die Bildung eines eigenständigen Parlaments
in Schottland wieder möglich. Im Scotland Act ist zum
Beispiel geregelt, welche Gesetze das Parlament in
Edinburgh beschließen darf. Die gesetzgebende
Gewalt beschränkt sich hauptsächlich auf die Bereiche
Bildung, Justiz, Gesundheit und die Landwirtschaft. Das
neu gewählte Parlament traf im Mai 1999 das erste Mal
zusammen.

Das Parlamentsgebäude in Edinburgh besteht seit dem
Jahr 2004. Der Entwurf stammt vom spanischen Archi-
tekten Enric Miralles, der leider schon vier Jahre vor der
Fertigstellung des Gebäudes verstarb und so sein Werk
nicht mehr sehen konnte. Das im postmodernen Stil er-
baute Gebäude gewann 2005 den Stirling Prize, einen
der wichtigsten Architekturpreise Großbritanniens.

Einen kurzen, neugierigen Blick musste ich natürlich
in den Vorraum von Victoria Quay werfen. Darin saß
ein Herr in Uniform hinter einem riesigen Tresen, der
voller Prospekte stand. Mehr war leider nicht zu sehen. Fotografieren war ebenfalls nicht erlaubt, wie mir
der Herr erklärte. Aber viel Interessantes gab es in
dem Vorraum sowieso nicht zu sehen, und so ging ich
wieder hinaus.

Wir spazierten weiter durch die Straßen des hier nicht
mehr so hektischen Stadtlebens, bis wir nach vielleicht
500 Metern ans „Ocean Terminal" kamen. Hier liegt

die Königliche Yacht „Royal Yacht Britannia" von 1953 vor Anker. Sie wurde 1997 außer Dienst gestellt und liegt seitdem hier als Touristenattraktion im Hafen. Sie beherbergt ein Museum, welches wir uns allerdings nicht angesehen haben. Stattdessen bummelten wir etwas durch das Einkaufszentrum, welches direkt daneben errichtet wurde. Hierin befindet sich auch der Zugang zur Royal Yacht, natürlich erst nachdem man eine teure Eintrittskarte erworben hat. In einem weiteren Geschäft kann man außerdem jede Menge royalen Kitsch, wie Fähnchen, Badetücher mit der Aufschrift „Royal Britannia" oder Kaffeetassen mit dem Konterfei der Queen erwerben.

Royal Yacht Britannia

Als wir alles gesehen hatten was uns hier interessant vorkam, setzten wir uns wieder in einen Bus und fuhren zurück in die Innenstadt. Dort stiegen wir um in einen anderen Bus, der den Flughafen zum Ziel hatte und kamen so noch in den Genuss einer Stadtrundfahrt. Wobei man sich über den Begriff Genuss durchaus streiten kann. Der Bus brauchte natürlich wesentlich länger als die Tram und war auch unbequemer. Dafür sahen wir noch ein paar weitere Ecken von Edinburgh, als wir in der Tram gesehen hätten. Nach etwa einer Stunde Fahrt waren wir wieder am P&R-Platz, stiegen ins Auto und fuhren zurück zum Hotel.

Dort angekommen machten wir uns ans „strategische Kofferpacken", welches so funktioniert: mit Hilfe einer mitgebrachten Kofferwaage ist das vorhandene Gepäck so auf die beiden Koffer und Handgepäckstücke zu verteilen, dass die Koffer möglichst genau an das erlaubte Maximalgewicht (das waren bei unserem Flug 23 Kilogramm) herankommen, es aber nicht übersteigen. Schwere Dinge wie Bücher wandern dabei ins Handgepäck, welches in aller Regel nicht gewogen wird. Zumindest ist uns das bislang noch nicht passiert. Die schweren Wanderschuhe kommen an die Füße, leichtere Halbschuhe und Schlappen in den Koffer. Idealerweise hat man am Ende nur noch soviel Kleidung übrig, dass man diese auf einmal am Körper tragen kann. Nach Bewältigung dieser wirklich komplexen Aufgabe hatten wir unser letztes Abendessen auf schottischem Boden redlich verdient.

Koordinaten:

N55.9821 W3.1772 Royal Yacht Britannia

Tag 19

Samstag, 17. September 2016. 16 km gefahren.

Tagesprogramm:

- Mietwagen abgeben
- Heimreise

Auch der schönste Urlaub geht einmal zu Ende. Heute war der Heimflug. Am Morgen gab es zum letzten Mal ein ordentliches, schottisches Frühstück im Hotel. Danach zahlten wir das Zimmer und fuhren zunächst zum Tanken (natürlich ein paar Kilometer VOR dem Airport, denn an der letzten Tankstelle vor dem Flughafen ist es sowohl besonders teuer als auch besonders voll) und dann zum Edinburgh Airport. Die Rückgabestationen der Autovermieter sind gut ausgeschildert. Schnell war der passende Drop-Point von Hertz gefunden. Kaum dass wir ausgestiegen waren stand auch schon ein „Hertz-Bube" neben dem Fahrzeug und inspizierte es auf Kratzer und Beulen, die er natürlich nicht fand, weil es keine gab.

Er begrüßte uns, nahm sowohl den Wagenschlüssel als auch den Zettel entgegen, den ich bei der Ausleihe erhalten hatte, sah darauf, dann sah er auf den Tacho, überlegte kurz und meinte dann: „Oh, you did a lot of miles!"

Indeed – 1743 um genau zu sein! Ich schrieb die Zahl auf den Abholschein, den er mir zurückgab. Nun fragte er noch, ob wir irgendwelche Schwierigkeiten gehabt hätten, was ich verneinte. Dass der Regensensor entweder gar nicht funktionierte oder den Scheibenwischer auch ohne Regen über die dann trockene Scheibe quietschen ließ, dass das eingebaute DAB-Radio alle zwei Tage ein Software-Update machte (und das war auch das Einzige was es machte, denn

DAB-Empfang hatten wir nirgendwo) und dass der Wagen tatsächlich keinen Rückfahrpiepser hatte (dass so etwas noch gebaut wird, war mir neu) verschwieg ich ihm – es war ja auch kein besonderes Vorkommnis. Mit dem Spritverbrauch war ich übrigens zufrieden. Der Corsa brauchte im Schnitt nur etwas mehr als 5 Liter Super pro 100 km. Wobei wir natürlich selten schneller als 80 km/h gefahren sind.

Zum Abschluss schenkten wir dem Leihwagenmann noch zwei große Flaschen Mineralwasser, die wir übrig hatten und die wir sowieso nicht hätten mit an Bord nehmen dürfen. Er nahm sie gerne an und bedankte sich. Dafür hatte Hertz ja schließlich auch vergessen, die Gabelflug-Zulage zu kassieren.

Dann gingen wir zum nahe gelegenen Flughafengebäude und gaben die Koffer auf. Bis zum Abflug waren noch zwei Stunden Zeit. Also gab's je einen großen Becher Kaffee, den wir auf bereitgestellten Stühlen im Freien genossen – bei wieder einmal schönstem Sonnenschein.

Pünktlich hob der Flug ab. Die Rückreise ging nicht über Paris, sondern über Amsterdam. Als wir in Amsterdam Schiphol landeten, regnete es zwar nicht, aber der Himmel war durchgehend grau und es war entsprechend kälter als in Edinburgh. Leider hatten wir nicht viel Zeit, denn der Anschlussflug sollte nur 40 Minuten später abheben. Sonst hätten wir uns gerne ein wenig in dem Terminal umgesehen, welches auf uns einen weit interessanteren Eindruck machte als das in Paris CDG.

Und dann kam die Landung in Nürnberg: grau, kalt, Regen! Das Wetter das uns hier erwartete, hatten wir in den vergangenen Wochen nur einmal, an besagtem Regentag auf Skye. Mit dem Taxi ging es zurück nach Hause, wo es am Abend erst einmal einen schottischen Whisky gab. Nun hatte jeder von uns ca. 3.000 Fotos zu sortieren und zu bewerten, eine Aufgabe, die sich etliche Monate hinzog. Ihr Ergebnis waren, neben einer tollen Fotosammlung, auch diverse Fotokalender und insgesamt drei Fotobücher.

Schon jetzt waren wir uns darüber im Klaren, dass dies zwar unsere erste, sicher aber nicht unsere letzte Schottlandreise war!

Das in Thurso erworbene Plüsch-Rind am Airport Edinburgh

Administrative Aufteilung

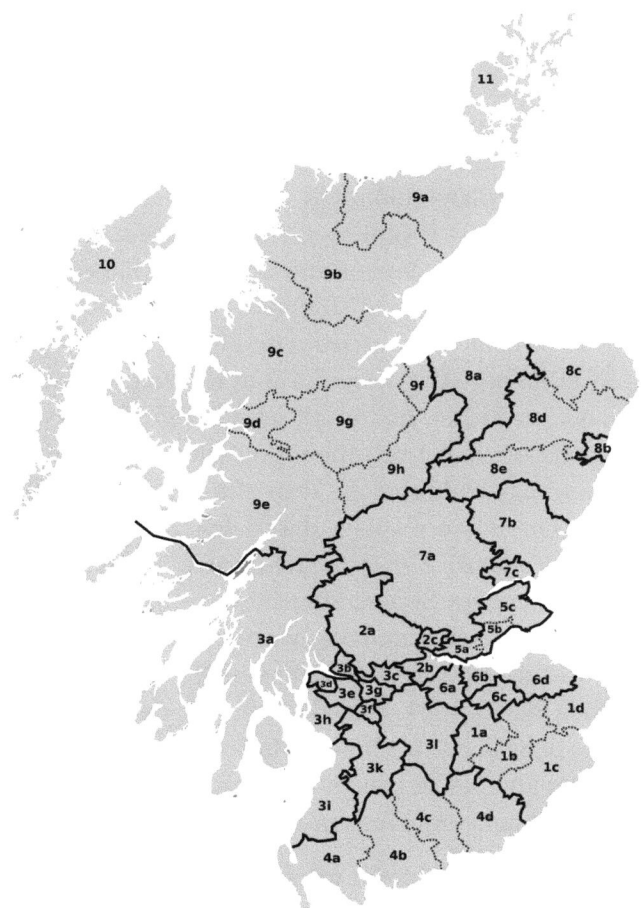

Ich habe in diesem Buch öfter die Ausdrücke Region, Grafschaft, Distrikt u. a. verwendet, um anzugeben, wo wir uns jeweils befanden. Hier eine einheitliche Schreibweise zu finden ist nicht immer leicht. Das liegt daran, dass sich die administrative Aufteilung Schottlands über die Zeit sehr oft geändert hat.

So wurde beispielsweise im Jahr 1947 der „Local Government (Scotland) Act 1947" eingeführt. Dadurch wurde Schottland unterteilt in Grafschaften (counties), Stadtkreise (counties of cities), große und kleine Städte mit Stadtrechten (large and small burghs) sowie Distrikte (districts). Definiert wurden hierdurch 33 Grafschaften, vier Stadtkreise um die Städte Glasgow, Edinburg, Aberdeen und Dundee, 20 große Städte und 172 kleine Städte mit jeweils eigener Verwaltung. Da die dabei getroffene Aufteilung größtenteils Verwaltungsstrukturen aus dem Mittelalter nachbildete, wurde 28 Jahre später durch den „Local Government (Scotland) Act 1973" reformiert. Damit wurde ein zweistufiges System eingeführt, welches als erste Stufe die Regionen und als zweite die Distrikte hatte. Die vielen, kleinen Verwaltungseinheiten von 1947 wurden damit stark eingedampft. Auf dem Festland gab es danach nur noch neun Regionen mit insgesamt 53 Distrikten, dazu kamen die drei Inselregionen Orkney, Shetland und Western Isles.

Die letzte Gebietsreform wurde durch den „Local Government etc. (Scotland) Act 1994" geregelt, welche am 1. April 1995 in Kraft trat, nur 20 Jahre nach der Reform von 1975. Diese Verordnung des Parlaments des vereinigten Königreichs regelte die Struktur der Kommunalverwaltungen neu. Hierbei wurden insgesamt 32 Verwaltungsgebiete definiert, die jeweils für bestimmte Bereiche von Schottland zuständig sind und in Summe die gesamte Fläche des Landes abdecken. Dies entspricht in etwa unseren Landkreisen und kreisfreien Städten. Mit der Einführung wurde die zweistufige Struktur von Regionen und Distrikten abgeschafft. Dabei entstanden einerseits neue Regionen, andererseits wurden früher gültige Regionen zusammengefasst. Beispiel: Lochaber war eine unabhängige Provinz in den Highlands, Sutherland eine Grafschaft und Skye and Lochalsh ein Distrikt. Nach der Gebietsreform wurden alle dem Verwaltungsgebiet Highland zugeordnet, ohne weitere Unterscheidung.

Die Karte am Anfang des Kapitels zeigt die momentane und ehemalige Aufteilung Schottlands. Die durch gleiche Zahlen markierten Bereiche gehören dabei zu den ehemaligen Regionen vor der Gebietsreform von 1995. Bereiche, die mit einer dicken Linie markiert sind, umfassen jeweils eines der 32 neuen Verwatungsgebiete. Beispiel: Perth and Kingross (7a), Angus (7b) und Dundee City (7c) sind heute drei voneinander unabhängige Verwaltungsgebiete, vor der Reform gehörten alle zur Region Tayside (also alle Bereiche, die mit 7 gekennzeichnet sind).

Hier nun die Bedeutung der Zahlen und Buchstaben. Die momentan gültigen Verwaltungsgebiete sind dabei fett gedruckt.

1: **Scottish Borders** (ehemals nur Borders) mit den ehemaligen Distrikten Tweeddale (1a), Ettrick and Lauderdale (1b), Roxburgh (1c) und Berwickshire (1d).

2: die ehemalige Region Central wurde abgeschafft. Sie ging auf in den drei Gebieten **Stirling** (2a), **Falkirk** (2b) und **Clackmannanshire** (2c, ehemals Clackmannan). Diese drei ehemaligen Distrikte unter der Region Central wurden damit eigenständige Verwaltungsgebiete.

3: Strathclyde wurde in zwölf Regionen gegliedert: **Argyll and Bute** (3a), **West Dunbartonshire** (3b, ehemals Dumbarton and Clydebank), **East Dunbartonshire** (3c, ehemalige Distrikte Bearsden and Milngavie und Teile von Strathkelvin), **Inverclyde** (3d), **Renfrewshire** (3e, Teile des ehemaligen Renfrew), **East Renfrewshire** (3f, ehemals Eastwood und ein Teil von Renfrew), **Glasgow City** (3g), **North Ayrshire** (3h, ehemals Cunninghame), **South Ayrshire** (3i, ehemals Kyle and Carrick), **East Ayrshire** (3k, ehemals Kilmarnock and Loudoun und Cumnock and Doon Valley), **North Lanarkshire** und **South Lanarkshire** (3l, ehemalige Distrikte Cumbernauld and Kilsyth, Monklands, Motherwell, Clydesdale, East Kilbride und Hamilton).

4: **Dumfries and Galloway**. Die ehemalige Region blieb erhalten, die vier Distrikte Wigtown, Stewartry, Nithsdale und Annandale and Eskdale (4a bis 4d) gingen in ihr auf.

5: **Fife** blieb erhalten und umfasst die ehemaligen Distrikte Dunfermline, Kirkcaldy und North East Fife (5a bis 5c).

6: Lothian wurde als eigene Region aufgelöst, die früheren Distrikte **West Lothian** (6a), **City of Edinburgh** (6b), **Midlothian** (6c) und **East Lothian** (6d) wurden eigenständige Verwaltungsgebiete.

7: Die ehemalige Region Tayside wurde aufgelöst, die Distrikte **Perth and Kinross** (7a), **Angus** (7b) und **Dundee City** (7c) wurden eigenständig.

8: Grampian wurde als Region aufgelöst. Dafür entstanden die Verwaltungsgebiete **Moray** (8a), **Aberdeen City** (8b) und um Aberdeen herum das flächenmäßig große Gebiet **Aberdeenshire** aus den ehemaligen Distrikten Banff and Buchan (8c), Gordon (8d) und Kincardine and Deeside (8e) bestehend.

9: Die Region **Highland** wurde zum gleichnamigen, neuen Verwaltungsgebiet. Darin auf gingen die Distrikte und Grafschaften Caithness (9a), Sutherland (9b), Ross and Cromarty (9c), Skye and Lochalsh (9d), Lochaber (9e), Nairn (9f), Inverness (9g) und Badenoch and Strathspey (9h). Mit einer Fläche von 25.657 Quadratkilometern ist Highland mit Abstand die größte Verwaltungsregion (alle anderen Regionen haben weniger als 7.000 Quadratkilometer Fläche), hat aber nur 234.800 Einwohner, also etwa soviel wie die Stadt Aberdeen.

10: Die Äußeren Hebriden (Outer Hebrides) waren früher die Region Western Islands. Das umfasste Gebiet blieb gleich, es wurde jedoch offiziell der gälische Name übernommen: **Na h-Eileanan a-Muigh.**

11: Die Region Orkney wurde umbenannt in **Orkney Islands**.

Nicht auf der Karte abgebildet ist das Verwaltungsgebiet **Shetland Islands**, ehemals Region Shetland.

Obwohl die neue Struktur „amtlich" ist, findet man in vielen Gebieten des täglichen Lebens noch Einteilungen, die auf einer der alten Strukturen, oder auch aus einem Mischmasch verschiedener, alter Einteilungen bestehen, zum Beispiel bei dem durch die Post verwendeten System der Postleitzahlen.

Persönlichkeiten

Liest man Bücher über Schottland oder bewegt man sich selber in diesem Land, dann wird man bemerken, dass bestimmte Namen immer wieder auftauchen. Wie der Name Napoleon untrennbar mit Frankreich verbunden ist, Mozart mit Salzburg und Lessing, Schiller oder Goethe sofort mit Deutschland in Verbindung gebracht werden, so hat auch Schottland einige Persönlichkeiten und Berühmtheiten aufzuweisen. Ein paar davon möchte ich hier kurz vorstellen.

Maria Stuart

Viele kennen diesen Namen vermutlich noch aus ihrer Schulzeit, denn Generationen von Schülern wurden mit dem gleichnamigen Shakespeare-Drama beglückt. Die auch als „Mary, Queen of Scots" oder „Mary I. of Scotland" bekannte Dame wurde am 8. Dezember des Jahres 1542 geboren. Zu diesem Zeitpunkt lag ihr Vater, King James V. of Scotland, bereits auf dem Sterbebett und als dieser sechs Tage später starb, war Maria Stuart als einziges überlebendes Kind offizielle Thronfolgerin. Den Großteil ihrer Kindheit verbrachte sie in Frankreich, da Schottland zu dieser Zeit von diversen religiösen und politischen Unruhen heimgesucht war. Im Alter von 16 Jahren heiratete sie dort den Kronprinzen von Frankreich. Dieser starb jedoch im Dezember 1560 und Maria kehrte als 18-jährige Witwe nach Schottland zurück, welches nun protestantisch geprägt war. Es folgte 1565 eine Ehe mit Henry Stuart, ihrem eigenen Cousin, doch nach nur zwei Jahren fand man diesen ermordet in seinem Garten liegen, während sein Haus durch eine Explosion zerstört worden war.

Ihr nächster Mann war James Hepburn, 4. Earl of Bothwell. Allgemein wurde angenommen, dass dieser im Auftrag von Maria die Ermordung ihres Cousins inszeniert hätte. Er wurde angeklagt, aber im April 1567 freigesprochen. Einen Monat später heiratete er Maria. Allerdings gab es einen Aufstand gegen das Paar. Maria wurde auf Loch Leven Castle ins Gefängnis gesteckt und einige Wochen später gezwungen, zugunsten von James VI. abzudanken. Dieser war ihr nun einjähriger Sohn, welchen sie mit Henry Stuart gezeugt hatte.

Maria konnte zwar nach England fliehen, wo sie den Schutz ihrer Großcousine Königin Elisabeth I von England suchte. Nachdem sie aber früher schon einmal das Recht auf den englischen Thron zu beanspruchen versuchte und viele englische Katholiken sie auch tatsächlich für die rechtmäßige Herrscherin von England hielten, sah Elisabeth in ihr zurecht eine Bedrohung. Zunächst wurde sie unter einem Vorwand eingesperrt, man sagte ihr eine Beteiligung am Mord an ihrem Ehemann Henry nach. Die kommenden Jahre wurde sie deswegen an wechselnden Orten in England gefangen gehalten. Nachdem sie über 18 Jahre im Gefängnis saß, wurde sie wegen Hochverrats zum Tod verurteilt. Am 8. Februar 1587 wurde das Urteil vollstreckt und Maria Stuart wurde auf Schloss Fotheringhay enthauptet.

Robert Burns

Den Namen habe ich bereits bei Tag 3 kurz erwähnt. Der Schottische Dichter wurde am 25. Januar 1759 in Alloway (südlich von Glasgow) geboren und starb am 21. Juli 1796 mit nur 37 Jahren an einer Infektion. Trotzdem Burns nicht lange gelebt hat, gilt er als einer der größten schottischen Dichter.

Sein bekanntestes Stück dürfte das 1788 geschriebene Lied „Auld Lang Syne" (dt: Der alten Zeiten wegen) sein, welches noch heute traditionell zum Jahresende gesungen wird, um der im vergangenen Jahr Gestorbenen zu gedenken. Das Lied wurde und wird noch immer von vielen Interpreten gesungen, unter anderen hatte auch die deutsche Punkrock-Band „Die Toten Hosen" das Lied auf einem ihrer Alben interpretiert. Bekannt ist im deutschen Sprachraum auch die Nachdichtung „Nehmt Abschied, Brüder" von Claus Ludwig Laue. Außerdem wurde die Melodie des Liedes in weit über 100 Filmen gespielt.

Ein weiteres, bekanntes Lied von Burns ist „My Heart's in the Highlands", in welchem er seine Liebe zu den schottischen Highlands zum Ausdruck bringt. Der Refrain dieses Liedes:

> Farewell to the Highlands, farewell to the North,
> The birth place of Valour, the country of Worth;
> Wherever I wander, wherever I rove,
> The hills of the Highlands for ever I love.

Der 25. Januar, der Geburtstag von Burns, ist auch gleichzeitig sein Gedenktag in Schottland, genannt „Burns Night". Zum traditionellen Burns Supper, welches nicht nur in Schottland, sondern im Gedenken an ihn in der ganzen Welt von Schottischen Migranten gefeiert wird, ist in Schottland wichtiger als St. Andrew's Day, der offizielle Nationalfeiertag. Das Burns Supper (deutsch: Abendessen) läuft heutzutage meistens so ab: Nach der Begrüßung durch den Veranstalter, also durch den Wirt oder Gastgeber, wird ein kurzes Gebet gesprochen. Danach gibt es Suppe, in der Regel ein klassisches, schottisches Suppengericht wie Scotch broth, Kartoffelsuppe oder cullen skink. Als Hauptgang gibt es Haggis. Wenn der Haggis auf einem großen Tablett in den Raum getragen wird, steht jeder Besucher auf. Begleitet wird dieses Ritual von einem Dudelsackspieler, der dabei vor dem Haggis herläuft. Dann wird durch den Gastgeber oder auch einen Gast das Gedicht „Address to a Haggis" vorgetragen. Dabei wird der Haggis mit einem großen Messer aufgeschnitten. Am Ende des Gedichts wird dem Haggis mit Whisky ein Toast ausgebracht und die Gesellschaft setzt sich wieder hin, um das Hauptgericht, eben den Haggis, zu verspeisen. Traditionell wird der Haggis mit Pürree aus Kartoffeln und Rüben serviert. Optional gibt es am Ende Kaffee, Käse oder ein schottisches Dessert, zum Beispiel Cranachan. Zu allen Gängen wird selbstverständlich ausreichend Whisky getrunken. Ganz am Ende der Veranstaltung wird gemeinsam „Auld Lang Syne" gesungen.

Burns hatte zwölf Kinder und in Summe schätzt man, dass (Stand 2012) etwa 600 direkte Nachfahren von ihm leben. Seine letzte Ruhestätte fand er auf dem Friedhof der St Michael's Church in Dumfries. Im Jahr 1815 wurde ihm zur Ehre das Burns' Mausoleum auf demselben Friedhof errichtet.

Walter Scott

Sir Walter Scott, geboren am 15. August 1771, gestorben am 21. September 1832 in Abbotsford, war ein schottischer Schriftsteller und Dichter. Zu seiner Zeit waren seine Werke die am meisten gelesenen. Er studierte Rechtswissenschaften an der Universität von Edinburgh, wurde Rechtsanwalt und später Richter.

Schon während seines Studiums beschäftigte er sich mit Literatur und bereits als Kind sammelte er alte Volksballaden, die von den Traditionen seiner Heimat Schottland handelten. Ab 1802 veröffentlichte er diese als Trilogie unter dem Namen „ The Minstrelsy of the Scottish Border". Alle drei Teile wurden Bestseller.

Später schrieb er sehr erfolgreich Romane, meist mit historischem Hintergrund. Bekannt ist beispielsweise der Roman „Ivanhoe" über den gleichnamigen Kreuzritter.

Zu Lebzeiten wurden mehr als 20 Romane von ihm veröffentlicht. Dazu kamen ein Dutzend Gedichte sowie mehr als 20 nichtfiktionale Werke und Kurzgeschichten. Erst im Jahr 2008 wurden posthum der Roman „The Siege of Malta" und der nicht fertiggestellte Roman „Bizarro" aus seiner Feder veröffentlicht.

Zwölf Jahre lang, nämlich von 1820 bis zu seinem Tod 1832, war er Präsident der Royal Society of Edinburgh.

Robert the Bruce

Sir Robert I., geboren am 11. Juli 1274, gestorben am 7. Juni 1329, war von 1306 an bis zu seinem Tod König von Schottland. Er war ein Kämpfer für die Unabhängigkeit Schottlands und verteidigte diese in der berühmten Schlacht von Bannockburn im Jahr 1314 durch seinen Sieg über England, welches mit einem wesentlich größeren und besser ausgerüsteten Heer in die Schlacht zog. Seitdem galt er als Schottlands Nationalheld. Seine sterblichen Überreste wurden in der Dunfermline Abbey beigesetzt, sein Herz in der Melrose Abbey. Nach seinem Tod wurde sein einziger Sohn David Thronfolger.

Der US-Spielfilm „Braveheart" hat der Unabhängig-keitskrieg, die Schlacht von Bannockburn und das Le-ben von Robert I. zum Inhalt, allerdings in historisch nicht immer korrekter Sichtweise.

Sean Connery

Sir Thomas Sean Connery dürfte einer der Schotten sein, den wohl jeder schon einmal in einem seiner Fil-me gesehen hat. Der 1930 in Edinburgh geborene Sohne einer Reinigungskraft und eines irischen Fern-fahrers wuchs in ärmlichen Verhältnissen auf. Er trat mit nur 16 Jahren in die Royal Navy ein, die er aber gesundheitsbedingt schon einige Monate danach wie-der verließ. Er schlug sich mit kleinen Nebenjobs durchs Leben, unter anderem als Aktmodell an einer Kunstschule in Edinburgh.

Seinen Durchbruch als Schauspieler schaffte Connery im Alter von 32 Jahren, als er die Hauptrolle des Geheimagenten 007 im ersten Bond-Film „James Bond jagt Dr. No" übernahm. Der Film wurde sehr er-folgreich und spielte weltweit etwa das 50-fache seiner Produktionskosten ein. Und der Erfolg steigerte sich von Film zu Film. Ein Jahr nach seinem ersten Strei-fen folgte 1963 der James Bond-Film „Liebesgrüße aus Moskau", welcher schon knapp 80 Millionen Dollar einspielte und 1964 „Goldfinger" mit 125 Millionen Dollar Ergebnis.

Trotz des Erfolges war Connery zunehmend unzufriedener mit der Rolle des Geheimagenten, die ihn auf ein Images festlegte, welches er eigentlich nicht vertreten wollte. Außerdem sah er sich in seinem schauspielerischen Können eingeengt und hatte das Gefühl, sich nicht ausreichend entfalten zu können. Grund dafür war auch, dass die Filmproduktionen nun immer aufwändiger wurden und sich zugunsten von Action- und Kampfszenen immer mehr von der Literaturvorlage, den Romanen von Ian Fleming und auch immer weiter von der Realität entfernten. Trotzdem spielte Connery in noch drei weiteren Bond-Streifen die Hauptrolle: 1965 in „Feuerball", 1967 in „Man lebt nur zweimal" und, nachdem dann 1969 für „Im Geheimdienst Ihrer Majestät" George Lazenby die Rolle des Agenten spielte, ein letztes Mal 1971 in „Diamantenfieber". Für diesen letzten Streifen kassierte Connery die Rekord-Gage von 1 ¼ Millionen Dollar, die komplett in seine Stiftung „Scottish International Educational Trust" floss. Diese fördert die Ausbildung talentierter Schotten im Ausland. Connery ist bekennender Patriot und Mitglied der Scottish National Party.

Seinen letzten Film drehte Connery im Jahr 2003. Bis dahin wirkte er in mehr als 90 Spielfilmen mit, dazu kamen Auftritte in einigen Fernsehserien und Dokumentationen. Seit dem Jahr 2000 darf Connery sich „Sir John Connery" nennen, denn in diesem Jahr wurde er von der Queen für seine Verdienste um Schottland zum Ritter geschlagen.

Arthur Conan Doyle

Sir Arthur Conan Doyle wurde am 22. Mai 1859 in Edinburgh geboren. Er war Arzt und Schriftsteller. Zu seinen literarischen Werken zählen die Romane um Sherlock Holmes und Dr. Watson.

Doyle studierte zunächst Medizin an der Universität von Edinburgh. Im Jahr 1878 wurde er bereits Assistent des berühmten Chirurgen Joseph Bell, welcher als Gründer der modernen Forensik gilt. Vier Jahre später schrieb Doyle seinen ersten Roman „The Narrative of John Smith", der jedoch erst Anfang dieses Jahrhunderts veröffentlicht wurde.

1887 wurde die erste Geschichte über Sherlock Holmes und seinen Freund Dr. Watson publiziert. Eigenschaften seines Lehrers Joseph Bell, wie die logische Herangehensweise an Kriminalfälle, projizierte er darin auf die Figur des Sherlock Holmes; Eigenschaften seiner eigenen Person auf Dr. Watson. Ein weiteres, bekanntes und auch verfilmtes Werk von Doyle ist der Roman „Der Hund von Baskerville", der Anfang des 20. Jahrhunderts veröffentlicht wurde. Daneben schrieb er einige historische Romane, die allerdings weniger erfolgreich waren. Doyle starb am 7. Juli 1930 im Alter von 71 Jahren in England.

Schottland-ABC

In diesem Kapitel möchte ich, alphabetisch geordnet und ohne Bezug zueinander, ein paar Besonderheiten erklären, die einem Besucher vom „Festland" vielleicht nicht geläufig sind. Viele der Punkte gelten für ganz Großbritannien, also auch für Wales, England und Irland. Aber da Schottland ja auch Teil von Großbritannien ist, spielt das für den geneigten Schottlandbesucher keine Rolle.

Einkaufen

Feste Öffnungszeiten gibt es nicht. Das heißt: jeder macht sein Geschäft genau zu der Zeit auf, zu der er hofft, am meisten Kunden zu sich zu locken. Bei den meisten Geschäften haben sich Öffnungszeiten bis 19 oder 20 Uhr durchgesetzt, größere Supermärkte oder Geschäfte an Orten, an denen viel Tourismus herrscht, haben auch länger auf, manchmal sogar nachts. An Sonntagen haben einige Geschäfte ebenfalls geöffnet, dann meist ab dem späteren Vormittag bis in den Nachmittag hinein.

Eine Ausnahme gilt beim Verkauf von Alkohol. Hier kommt es darauf an, ob der Ladenbesitzer eine Lizenz zum Verkauf von Alkohol hat und dann auch noch, welche Art Lizenz. Es ist nämlich durchaus üblich, dass Alkohol, aufgrund der erworbenen Lizenz, nur bis zu einem bestimmten Zeitpunkt verkauft werden darf. So war es zum Beispiel in dem Supermarkt in Portree. Dessen Lizenz galt nur bis 21 Uhr, obwohl der Laden selber bis 23 Uhr geöffnet hatte.

Einige Medikamente wie Ibuprofen oder Paracetamol bekommt man, in begrenzter Stückzahl, auch in normalen Lebensmittelgeschäften an der Kasse, und das zu wesentlich günstigeren Preisen als wir sie aus unseren Apotheken kennen. Andere Medikamente bekommt man, wie daheim, in der Apotheke (Pharmacy). Diese verkaufen meist auch Drogerieartikel, die Übergänge sind eher fließend. Das merkt man auch schon daran, dass sich der „Chemist" im britischen Englisch sowohl mit Apotheker als auch mit Drogist übersetzen lässt. Nach einem Drug Store brauchen Sie übrigens nicht zu fragen, die gibt es nur in Amerika.

Feiertage

Gesetzliche Feiertage werden in Großbritannien „Bank Holidays" genannt. Sie wurden erstmals 1871 durch den „Bank Holidays Act" eingeführt. Bei fixen Feiertagen, also Feiertagen die auf ein bestimmtes Datum fixiert sind und bei denen sich somit jedes Jahr der Wochentag ändert, gilt eine Sonderregelung: Fallen diese auf einen Samstag oder Sonntag, so werden sie am darauffolgenden Montag nachgeholt. Eine wie ich finde sehr praktische Regelung, denn so hat jedes Jahr dieselbe Anzahl an Feiertagen.

Los geht das Jahr wie in vielen Ländern mit einem Feiertag, nämlich Neujahr am 1. Januar. In Schottland gönnt man sich zusätzlich noch den 2. Januar als Feiertag, somit hat man einen Tag länger Zeit, sich von einem der bedeutendsten schottischen Feste zu erholen, nämlich von Hogmanay (Silvester). Das Fest wird am Abend des 31. Dezember gefeiert und dauert bis weit in die Morgenstunden des 1. Januar an. Der 2. Januar heißt offiziell „New Year's Bank Holiday".

Es folgt Ostern, wo heutzutage in ganz Großbritannien sowohl Karfreitag als auch Ostermontag Feiertage sind.

Eine Besonderheit hat der Maifeiertag (May Day oder Early May Bank Holiday), der nicht immer am 1. Mai stattfindet, sondern am 1. Montag im Mai. Der letzte Montag im Mai ist ebenfalls frei, er heißt „Spring Bank Holiday". Der 1. Montag im August ist ebenfalls frei, er nennt sich „August Bank Holiday". Allerdings nur in Schottland. Im restlichen Britannien ist es der letzte Montag im August.

Das Jahr endet, wie bei uns, mit den Weihnachtsfeiertagen am 25. (Christmas Day) und 26. Dezember (Boxing Day). An diesem Tag haben die meisten Geschäfte geöffnet, denn traditionell erledigt man da mit der Familie zusammen größere Einkäufe. Der 24. Dezember ist, wie in Deutschland, kein Feiertag. Dasselbe gilt für den 31. Dezember.

Gerichte

Natürlich hat auch die schottische Küche eine Selektion an Speisen entwickelt, die zu probieren sich lohnen.

Haggis hatte ich hier und da bereits erwähnt. Es wird in Schottland traditionell auch zum „scottish breakfast" gereicht, zusammen mit jeder Menge anderer, gebratener und gekochter Dinge. Haggis ist Schottlands Nationalgericht und besteht hauptsächlich aus den Innereien von Schafen oder Kälbern, welche durch den Fleischwolf gedreht und anschließend, zusammen mit Hafermehl, Zwiebeln und Gewürzen vermengt, in einen Schafsmagen gepresst und darin gekocht werden. Als Hauptmahlzeit wird es mit Rübenmus und Kartoffelbrei serviert. Oder eben in kleineren Mengen zum cooked breakfast.

Wer Fisch mag, sollte sich eine Cullen Skink keinesfalls entgehen lassen. Dies ist eine sämige Suppe, welche geräucherten Schellfisch, Kartoffeln und Zwiebeln als Hauptzutaten hat. Die Suppe wird traditionell mit Brot serviert. Sie ist eine lokale Spezialität aus der Stadt Cullen in Moray, von der sie auch ihren Namen hat. Die Suppe steht in vielen Restaurants auf der Speisekarte und fast in jedem Kochbuch über die klassische, schottische Küche steht das Rezept.

Schellfisch, der in der englischen Sprache „haddock" heißt, ist auch eine der Hauptzutaten für Fish & Chips, die ich nur am Rand erwähnen möchte. Die zweite Zutat dafür, die „chips", sind frittierte Kartoffeln, also das was wir als Pommes Frites kennen, nur meist etwas gröber geschnitten. Nicht zu verwechseln mit den Kartoffelchips aus der Tüte, diese heißen „crisps".

Was man ebenfalls probiert haben sollte, ist „Cranachan", ein Dessert aus frischen Himbeeren, Sahne, grösteten Haferflocken, Honig und natürlich Whisky.

Highland Games

Ein großes Spektakel in Schottland sind die Highland Games. Das sind Feste, bei denen für uns teilweise lustig anmutende Sportarten wie Baumstammwerfen, Bergrennen oder Steinstoßen zusammen mit dem Auftritt von Folklore-Tanzgruppen und Musikkapellen aufgeführt werden. Die Highland-Games finden von Mai bis September in verschiedenen Städten, Dörfern, auf dem Land und sogar auf den verschiedenen Inseln statt. Insgesamt sind es jährlich zwischen 80 und 100 verschiedene Veranstaltungen, die man besuchen kann. Die historisch bedeutendste ist dabei das Braemar Gathering, welches jedes Jahr sogar von der Queen sowie anderen Mitgliedern der Royal Family besucht wird. Wann und an welchem Ort die Spiele stattfinden, können Sie auf der Homepage von Visit Scotland[35] herausfinden. Die Highland Games sind Volksfeste, die viele Einheimische und natürlich auch viele Touristen anlocken.

Zur Geschichte der Highland Games ist Folgendes überliefert: Im 11. Jahrhundert hat der damalige König Malcolm III ein Wettrennen veranstaltet, bei dem der Gipfel des Bergs Creag Choinnich in der Nähe von Braemar möglichst schnell erreicht werden sollte. Ziel war es, den schnellsten Läufer ausfindig zu machen, der künftig dem König als Kurier dienen sollte.

Highlight der Highland Games sind die sportlichen Disziplinen, bei denen es vor allem auf Kraft, aber auch auf Geschick ankommt. So geht es beispielsweise beim Caber Tossing (Baumstammwerfen) nicht etwa darum, einen Baumstamm möglichst weit zu werfen. Vielmehr muss sich der geworfene Stamm einmal überschlagen und dann möglichst exakt in Wurfrichtung liegen bleiben. Beim „Putting the Stone"-Wettkampf muss einerseits ein Gewicht, ähnlich wie beim Hammerwerfen, möglichst weit geschleudert werden. Andererseits, in einer weiteren Teildisziplin, muss der Kämpfer ein Gewicht von 25 Kilogramm aus dem Stand mit nur einer Hand über eine Latte in einer bestimmten Höhe befördern.

Kreisverkehr

Die Benutzung britischer Kreisverkehre ist in den Regeln 184 bis 190 des highway codes, also der Straßenverkehrsordnung, offiziell geregelt. Wie in Deutschland gilt auch in Großbritannien: wer im Kreisverkehr ist, hat Vorfahrt; wer in den Kreisverkehr einfahren möchte, muss Vorfahrt gewähren. Ausnahmen sind entsprechend gekennzeichnet. Und natürlich fährt man hier, anders als in Deutschland, im Uhrzeigersinn, also rechts herum durch die Kreisverkehre.

Die Regelung, wann beim Ein- und Ausfahren geblinkt wird und wann nicht, ist in Großbritannien anders als in Deutschland, wo viele Autofahrer die eigentlich einfache Regel „beim Einfahren nicht blinken, beim Ausfahren rechts blinken" ja schon nicht zu begreifen scheinen. Auf der Insel sollte man bereits beim Erreichen des Kreisverkehrs wissen, die wievielte Ausfahrt man nehmen möchte.

Möchte man den Kreisverkehr bereits bei der ersten möglichen Ausfahrt wieder verlassen, so blinkt man bereits beim Erreichen des Kreisverkehrs nach links. Bei mehreren Spuren ordnet man sich auf der linken ein und fährt auch im Kreisverkehr selber auf der linken Spur. Der Blinker bleibt an, bis man den Kreisverkehr an der ersten Ausfahrt wieder verlassen hat.

Möchte man den Kreisverkehr bei einer rechten Ausfahrt verlassen oder darin wenden (dritte oder höhere Ausfahrt), blinkt man bereits bei Ankunft am Kreisverkehr nach rechts. Bei mehreren Spuren ordnet man sich rechts ein und bleibt auch im Kreisverkehr auf der rechten Spur. Der Blinker bleibt so lange rechts gesetzt, bis man die Ausfahrt vor derjenigen, die man selber nehmen will, passiert hat. Dann blinkt man nach links und wechselt bei einem mehrspurigen Kreisverkehr gegebenenfalls auf die linke Spur. Mit gesetztem Blinker links fährt man nun heraus.

Bei jeder anderen Ausfahrt als der ersten oder der letzten (in der Regel also die zweite, wenn man „geradeaus" durch den Kreisverkehr fahren will, es gibt aber auch Kreisverkehre mit mehr als vier Abzweigen) ordnet man sich bei mehreren Spuren ebenfalls rechts ein. Geblinkt wird jetzt jedoch nicht. Man fährt in den Kreisverkehr ein, bleibt bei mehreren Spuren auf der rechten und fährt ohne Blinker an der Ausfahrt vor derjenigen vorbei, auf der man abfahren will. Nun blinkt man links, wechselt auf die linke Spur und fährt bei der nächsten Ausfahrt ab.

Was außerhalb eines Kreisverkehrs sonst noch wichtig ist, entnehmen Sie bitte dem Stichwort „Straßenverkehr".

Malt Whisky Trail

Der Malt Whisky Trail[52] ist ein Themenpfad, welcher sieben aktive Whisky-Brennereien, eine Küferei sowie ein Museum verbindet. Allesamt liegen sie in der sogenannten Speyside, als dessen Zentrum das Städtchen Dufftown gilt. Prinzipiell handelt es sich beim Malt Whisky Trail um eine Marketingaktion, welche über einen ca. 100 Kilometer langen Weg die teilnehmenden Firmen verbindet. Diese sind die Brennereien Benromach, The Glenlivet, Cardhu, Glenfiddich, Glen

Grant, Glen Moray und Strathisla. Dazu kommt mit der „Dallas Dhu Historic Distillery" eine ehemalige Brennerei, die bis 1980 selbst Whisky produzierte und inzwischen als Museum wiedereröffnet wurde. Als neunter Teilnehmer am Malt Whisky Trail ist noch die Speyside Cooperage zu nennen, in der Fässer für die Lagerung des Whiskys hergestellt und repariert werden. Hier kann man im Rahmen einer Tour den Küfern bei der Arbeit zusehen.

Siehe auch: Whisky.

Maße

Sicher ist es Ihnen aufgefallen, dass ich in diesem Buch bei der Beschreibung unserer Tour öfter zwischen Angaben in Kilometern und Meilen hin und her gesprungen bin. Das liegt daran, dass wir in Deutschland, wie auch im übrigen, größten Teil der Welt, das metrische Maßsystem verwenden. Die Briten nutzen es zwar auch, aber nur offiziell. Wie kam das zustande? Im Jahr 1973 hatte sich Großbritannien offiziell verpflichtet, das im Rest von Europa bereits etablierte, metrische System einzuführen. Um der Bevölkerung den Umstieg leichter zu gestalten, sollte bis zum Jahr 2010 die Regelung gelten, dass beide Systeme parallel verwendet werden dürfen. Die Umstellung stieß unter der Bevölkerung auf heftige Widerstände, es wurden sogar Bürgerinitiativen gegen die Einführung gegründet. So wurde die ursprünglich bis 2010 geltende Ausnahmeregelung drei Jahre vor ihrem Ablauf in eine unbefristet gültige Regelung umgewandelt. Offiziell befindet sich also das Vereinigte Königreich als letztes europäisches Land in der Umstellungsphase.

Als Besucher von Schottland sollten wir uns damit zurecht finden, dass metrische Einheiten hier allenfalls spartanisch eingesetzt werden. Um den Umgang damit zu erleichtern folgt nun eine kleine (nicht vollständige) Aufstellung der gebräuchlichsten Maße mit der jeweiligen Umrechnung auf das metrische System.

Das erste Mal fällt einem das System beim Besteigen des Mietwagens auf. Während bei den heimischen Fahrzeugen als größte Zahl auf dem Tachometer eine Zahl in der Größenordnung von 200 steht, sind es hier nur 120 oder 130, die Einheit ist dabei nicht km/h (Kilometer pro Stunde), sondern mph (miles per hour, also Meilen pro Stunde). Meistens hat man im Tachometer weiter innen noch eine weitere, klein gedruckte Zahlenskala zur Verfügung, das ist dann die Angabe in den gewohnten km/h. Wirklich nützlich ist das hier aber nicht, denn sowohl die Entfernungsangaben auf Straßenschildern als auch die maximal erlaubte Geschwindigkeit sind in Meilen bzw. Meilen pro Stunde angegeben.

Eine Meile, Landmeile oder Englische Meile (engl.: mile oder statue mile, Abk.: mi) ist exakt 1609,344 Meter lang. Der Faktor 1,6 ist somit eine gute Näherung, um eine Meile in einen Kilometer umzurechnen.

Somit entspricht die innerhalb von Ortschaften erlaubte Maximalgeschwindigkeit von 30 mph, mit 1,6 multipliziert, 48 km/h und ist damit so gut wie gleichzusetzen mit den bei uns gültigen 50 km/h.

Weitere Längenangaben, die hier Verwendung finden, sind Zoll (engl.: inch, Abk.: in oder "), Fuß (engl.: foot, Abk.: ft oder ') und Yard (Abk.: yd). Dabei gilt:

Ein Zoll hat 25,4 Millimeter oder 2,54 Zentimeter. Die Einheit Zoll wird auch im deutschen Sprachgebrauch verwendet, vor allem bei technischen Themen. So wird beispielsweise die Diagonale von Fernsehgeräten gern in Zoll angegeben, bei den Musikern sind die Verstärker so gestaltet, dass sie in ein 19"-Rack passen und die Leichtmetallfelge kaufen wir beim Autohändler in der Größe 17 Zoll und nicht 43 Zentimeter.

Ein Fuß besteht aus 12 Zoll und hat damit eine Länge von 30,48 Zentimetern, gerundet kommt man also mit 30 cm gut hin. Mit dem europäischen Schuhgrößensystem verglichen müsste dieser Fuß übrigens Schuhgröße 46 bis 47 haben, aber das ist ein anderes Thema. Von den Längenangaben bleibt nun noch das Yard, welches 3 Fuß umfasst, also 91,44 Zentimeter oder 0,9144 Meter.

Was einem vielleicht noch begegnet ist die Flächenangabe von Grundstücken. Diese wird in „acres" angegeben, abgekürzt „ac". Ein acre entspricht dabei grob der Fläche von 4047 Quadratmetern. Rechnerisch ergibt sich daraus ein Quadrat mit etwa 63,6 Metern Kantenlänge.

Sonstige, heute nicht mehr verwendete Längenangaben sind der Vollständigkeit halber das Furlong (dt.: Furchenlänge) und der oder das Pole. Dabei gilt: 1 mile = 8 Furlong = 320 Pole.

Nun zu den Hohlmaßen. Hierbei sind noch die Gallone (gallon, Abk.: gal.) gebräuchlich, welche exakt 4,54609 Liter umfasst, nicht so ganz exakt sind 4 ½ Liter also eine gute Näherung. Davon leitet sich das Quart (quart, Abk.: qt.) ab, welches genau 1,1365225 Liter oder ¼ Gallone umfasst. Wichtiger ist vermutlich das Pint (pint, Abk.: pt.), denn es ist die Einheit, in der üblicherweise ein Bier im Pub bestellt wird. Ein Pint entspricht dabei einer achtel Gallone, also etwa 0,57 Liter. Auf Getränkeverpackungen liest man außerdem häufig die Mengenangabe „fl.oz.", welches die Abkürzung für „fluid ounce" (dt.: Flüssigunze) ist. Definiert ist 1 fl.oz. als 1/160 gal., was 0,028413 Liter oder etwa 28,4 ml entspricht. 35 fl.oz. sind also etwa ein Liter.

Bei den Gewichtseinheiten hat man sich scheinbar weitgehend mit dem Gramm bzw. Kilogramm abgefunden. Hier und da findet man aber auch noch die nichtmetrischen Gewichtsangaben in Pfund (pound, Abk.: lb. oder pd.), in Unzen (ounce, Abk.: oz., nicht zu verwechseln mit der Flüssigunze) und in Dram (dram, Abk.: dr.). Ein Pfund hat dabei etwa 453,6

Gramm. Die Unze entspricht 1/16 Pfund (etwa 28,3 Gramm) und ein Dram ist 1/16 Unze (etwa 1,77 Gramm).

Was das Thema Zeit angeht, so habe ich eine gute Nachricht für Sie: Jahr, Monat, Tag, Stunde, Minute und Sekunde gibt es auch im Vereinigten Königreich. Und sie haben tatsächlich die gleiche Bedeutung wie im Rest der Welt. Lediglich ein in der deutschen Sprache fehlender Begriff wird Ihnen vielleicht einmal begegnen: „A fortnight" - das ist ein Zeitraum von 14 Tagen. Nicht mehr gebräuchlich sind Zeitangaben wie watch (4 Stunden), bell (1/8 watch = 30 Minuten), moment (1/40 Stunde = 1,5 Minuten) und ounce (1/12 moment = 7,5 Sekunden). Vor diesem Hintergrund ist aber immerhin der Ausdruck „just a moment" exakt definiert.

Midges

Unter Midges versteht man eine Gruppe von kleinen Fluginsekten. Sie sind etwas echt Lästiges, gehören aber leider nach Schottland wie der Whisky. Hier treten sie vor allem in Form der Highland Midge auf, und zwar ab dem späten Frühling bis weit in den Spätsommer hinein. Sie ernähren sich vom Blut der Rinder und Schafe auf den Weiden, verschmähen aber leider auch Menschenblut nicht. Und genau das ist das Problem. Traubenweise können diese kleinen Biester den Wanderer überfallen und ihm das Leben schwer machen, vor allem wenn dieser stehen bleibt.

Ihre Aktivität hängt stark vom Wetter ab. Trockenes Klima (relative Luftfeuchtigkeit unter 65%) mögen sie nicht besonders. Und bei Windgeschwindigkeiten von 10 km/h oder mehr bleibt man von ihnen auch meist verschont, da sie nur 2 bis 3 km/h schnell fliegen. Das ist auch der Grund, warum man beim Laufen vor ihnen sicher ist. Sie holen einen dann einfach nicht ein.

Da die Midges wirklich extrem lästig sein können, gibt es sogar eine Internetseite mit einem Midge Forecast[53]. Hier kann man sich erkundigen, in welchen Gebieten Schottlands gerade besonders viele Midges erwartet werden und wo es eher ruhig ist. Generell kann man aber sagen, dass der Westen der Highlands mehr von den Midges heimgesucht wird, weil die Regenmenge hier deutlich höher ist als im Osten. Und feuchtes Wetter lieben die Midges nun mal.

Die Geister scheiden sich, welche Mittel zum Einreiben am besten gegen Midges wirken. Wir haben gute Erfahrungen mit „Smidge" gemacht, welches man entweder vor Ort kaufen oder schon in Deutschland per Internet bestellen kann.

Mobilfunk

In den Städten ist Mobilfunk und mobiles Internet natürlich überhaupt kein Problem. Problematisch wird es erst, wenn man die dichter besiedelten Gebiete verlässt. Ein Mobilfunksignal gibt es zwar an den meisten Ecken, auch in etlichen abgelegenen Gebieten der Highlands. Doch spätestens wenn man versucht auf das Internet zuzugreifen, erlebt man dann eine Enttäuschung. Bestenfalls buchstabenweise kommen die Daten dann im Smartphone an, schlimmstenfalls meldet das Gerät einfach „keine Datenverbindung vorhanden". Man sollte sich also darauf einstellen, dass man Internetverbindung nur per WLAN hat, welches dafür in allen von uns aufgesuchten Unterkünften gratis zur Verfügung stand.

Navigationsgeräte

Ich habe im ersten Kapitel bereits darauf hingewiesen, dass man gut beraten ist, sich sein eigenes, mobiles Navigationsgerät mit in den Schottlandurlaub zu nehmen. Die Mietwagenanbieter erheben teils horrende Zusatzgebühren für geliehene Navis. Wenn Sie kein mobiles Gerät besitzen, weil in ihrem Fahrzeug zu Hause das Gerät fest eingebaut ist, leihen Sie sich eines von einem Freund. Notfalls kaufen Sie sich zu Hause ein günstiges Gerät, das amortisiert sich schon nach zwei Wochen Urlaub.

Öffnungszeiten

Siehe: Einkaufen.

Pubs

Der Pub oder das Pub, beide Artikel sind laut Duden möglich, ist eine Einrichtung, die man im Deutschen am ehesten mit „Kneipe" übersetzen würde. Oft sind sie sozialer Mittelpunkt, vor allem in Kleinstädten. Hier trifft man sich und trinkt zusammen ein Bier oder etwas anderes. Oft gibt es auch Kleinigkeiten zu Essen. Ach ja: Leitungswasser, genannt tap water, ist in allen Pubs gratis.

Bestellt und bezahlt (Trinkgeld ist nicht üblich) wird an der Theke und dort erhält man auch das Bestellte, das man anschließend selber zum Tisch tragen darf. Eine besondere Herausforderung ist das beim Bier. Da die Gläser keine Eichstriche haben, werden sie bis zum Rand vollgefüllt, was das Tragen nicht gerade erleichtert.

Die Sperrstunde, bei der dem Besucher zehn Minuten vor 23 Uhr mit einer Glocke und dem Ausruf „last order" oder „last call" mitgeteilt wurde, dass er nun die letzte Gelegenheit hatte, ein Getränk zu kaufen, wurde übrigens in ganz Großbritannien abgeschafft. Einige Pubs haben inzwischen sogar die ganze Nacht geöffnet. Trotzdem kann es sein, dass es ab einem bestimmten Zeitpunkt keinen Alkohol mehr zu kaufen gibt. Denn wie in den Geschäften so gilt auch für die Pubs, dass die Alkohollizenzen an zeitliche Rahmen gebunden sind. Die meisten Pubs schenken alkoholsiche Getränke bis Mitternacht aus.

Restaurants

Schottische Restaurants schließen teilweise schon sehr früh, wie ich am Anfang des Buches schon schrieb. Bitte erkundigen Sie sich vorher über die jeweiligen Öffnungszeiten, am besten direkt beim Reservieren, was durchaus zu empfehlen ist. Man bekommt zwar auch ohne Reservierung meist einen Tisch, muss dann aber eventuell erst einmal in der Lounge oder der Bar warten. Immerhin gibt es dann dort schon einmal etwas zu Trinken und manchmal kann man dabei auch schon einen Blick auf die Speisekarte werfen.

Bezahlt wird nach dem Essen nie am Tisch, sondern entweder in der Bar oder an einer gesonderten Kasse.

Steckdosen

Hierbei gibt es für Touristen eigentlich nur zwei Dinge zu beachten. Erstens sollte man für mitgeführte Geräte einen oder mehrere Adapter dabei haben, die die Verwendung der klobigen Steckdosen auf der Insel für unseren Schuko- oder Euro-Stecker (vor allem an Ladegeräten) ermöglicht. Haben Sie mehrere Geräte, die Sie zeitgleich mit britischem Strom versorgen möchten, so bietet sich auch das Mitführen einer (deutschen) Mehrfach-Steckdose an, die Sie dann mit nur einem Adapter ans Stromnetz anschließen können.

Der zweite wichtige Punkt ist die Tatsache, dass britische Steckdosen mit Schaltern versehen sind. Wenn also das angeschlossene Gerät nicht funktioniert, einfach mal an der Steckdose nach dem Schalter suchen. Meist ist es ein kleiner Wippschalter über oder unter dem Stecker.

Straßenverkehr

Dass im gesamten Königreich Linksverkehr gilt, hat sich ja schon herumgesprochen. Und die Briten sind hier keine Ausnahme. Linksverkehr gilt außerdem in weiten Teilen Asiens, in etlichen Ländern Südafrikas, in Australien und in einigen anderen Überseegebieten. Dies bringt für uns, die wir an Rechtsverkehr gewohnt sind, hier und da Probleme mit sich.

Als Fußgänger, und das sind wir ja alle irgendwann einmal, nämlich spätestens sobald wir das Auto stehen lassen, sollten Sie beachten: der Ihnen vielleicht noch bekannte Spruch „schau links, schau rechts, schau geradeaus, dann kommst du sicher gut nach Haus'" gilt auf der Insel so nicht. Denn bei dem dort herrschenden Linksverkehr kommt die Gefahr für Fußgänger zunächst von rechts. Wer also nach links schaut und dann schon losläuft, weil sich von dort kein Fahrzeug nähert, dessen Überlebenschancen sinken rapide.

Für Autofahrer mit einem mitgebrachten, also linksgelenkten Fahrzeug, beginnen die Schwierigkeiten spätestens beim Einfahren in ein Parkhaus, denn das Parkticket wird am rechten Fenster angeboten. Glücklich kann sich schätzen, wer dann einen Beifahrer dabei hat.

Wer auf die Insel fliegt und sich dann einen Leihwagen nimmt, sitzt als Fahrer schon mal auf der (dort) richtigen Seite. Vorausgesetzt er steigt durch die nun andere Tür in das Fahrzeug, denn wer wie zu Hause links einsteigt, wundert sich über ein gestohlenes Lenkrad. Die Schaltung ist natürlich bei Rechtslenkern mit der linken Hand zu bedienen, das geht sogar erstaunlich gut. Die Gänge sind da wo sie zu Hause auch sind, also erster Gang links oben (H-Schaltung). Mir persönlich fiel es schwer, die Breite des Fahrzeugs nach links abzuschätzen. Da normalerweise links von mir nicht mehr viel Platz ist bis zum linken Rand meiner Spur, nun aber plötzlich ein knapper Meter mehr Auto an der Stelle war, bin ich gerade bei den kleinen Straßen in Schottland gelegentlich links von der Fahrbahn auf die Wiese gefahren. Was hier nicht viel ausmachte, denn es gab keine Randsteine. Im Verkehr innerhalb von Städten bedeutet dies aber zerkratzte Radkappen oder Felgen. Solche Schäden sollte man also einplanen und am besten mit versichern lassen, damit man keine böse Überraschung erlebt. Ein Tipp dazu: ab und zu mal in den Außenspiegeln kontrollieren, wo auf der Straße man sich befindet.

Was es mit den Kreisverkehren auf sich hat und welche Besonderheiten Sie bei diesen beachten sollten, lesen Sie bitte weiter oben unter dem Stichwort „Kreisverkehr" nach.

Vereinigtes Königreich

Haben Sie sich schon einmal gefragt, warum bei einem Fußball-Länderspiel Deutschland gegen England spielt, und nicht gegen Großbritannien? Warum England, Irland, Wales und auch Schottland eigene Mannschaften haben? Ist das nicht ein einziges Land? Oder doch vier einzelne Länder? Werfen wir dazu erst einmal einen Blick auf die Landkarte. Dort sehen wir zwei relativ große Inseln. Die östliche (rechte) der beiden Inseln heißt Großbritannien (Great Britain), die andere ist Irland (Ireland). Diese beiden Begriffe sind also der Geographie entnommen und bezeichnen die Namen dieser beiden Inseln.

Auf der größeren der beiden Inseln, nämlich auf Großbritannien, befinden sich die Nationen England, Wales und Schottland. Die kleinere Insel Irland beherbergt die Republik Irland im Süden (etwa 5/6 der Inselfläche) sowie Nordirland im Norden der Insel. Nordirland, England, Wales und Schottland bilden zusammen das Vereinigte Königreich von Großbritannien und Nordirland (United Kingdom of Great Britain and Northern Ireland). Vereinfacht sagt man auch Vereinigtes Königreich (United Kingdom), die Internet-TLD[13] ist .uk und das KFZ-Nationalitätenkennzeichen GB. Anders als Irland, wo die Internet-Adressen auf .ie enden und auf den Autos IRL steht.

Die Schottische Flagge ist ein weißes Kreuz (Andreaskreuz, wie an Bahnübergängen gebräuchlich) auf blauem Grund. Die nordirische Flagge besteht ebenfalls aus einem Kreuz (Patrickskreuz), nur ist dieses rot auf weißem Grund. Und die englische Flagge schließlich ist ein rotes, aufrecht stehendes Kreuz (Georgskreuz) auf ebenfalls weißem Grund. Überlagert man diese drei Flaggen, so erhält man die Nationalflagge des Vereinigten Königreichs, der umgangssprachlich „Union Jack" genannt wird. Die Flagge von Wales wurde nie in den Union Jack aufgenommen.

Verkehr

Siehe: Straßenverkehr, Kreisverkehr.

Währung

Offizielles Zahlungsmittel in Schottland ist das Pfund Sterling (Pound Sterling), welches mit dem Zeichen £ und dem ISO-Code GBP (Great Britain Pound) abgekürzt wird. Das hindert die Schotten natürlich nicht daran, ihre eigene Währung zu drucken. Das heißt, in Schottland verwendete Geldscheine haben zwar den-

---

13 TLD = Top-Level-Domain, vereinfacht: das „Länderkürzel" eines bestimmten Landes im Internet

selben Wert wie die in England, Wales und Nordirland verwendeten, aber andere Bilder. Man versucht eben, den historisch gewachsenen Unterschied zwischen Schottland und vor allem England an vielen Ecken zu demonstrieren, so auch beim Geld.

Neben Bargeld werden in den meisten Geschäften auch entweder die europäische EC-Karte (Maestro) oder eine der üblichen Kreditkarten akzeptiert. Bargeld bekommt man am einfachsten aus einem Bankautomaten, genannt „automated teller machine", oder einfacher ATM. Die ATMs findet man an oder in Bankfilialen, aber auch an großen Supermärkten.

Whisky aus Schottland

Über das Nationalgetränk der Schotten kann man ganze Bücher füllen, was natürlich auch gemacht wird. Ich möchte daher an dieser Stelle nur ein paar Grundlagen zusammentragen, und zwar bezogen auf schottischen Whisky (kurz: Scotch), denn Whisky wird überall auf der Welt gebrannt, aber nicht überall gelten dieselbe Regeln.

Scotch wird aus Getreide oder gemälzter Gerste hergestellt, und zwar in Schottland – sonst darf er sich nicht schottischer Whisky nennen. Die Maische, deren Herstellung an die von Bier erinnert, muss auf schottischem Boden erfolgen, genauso wie das Brennen und das anschließende Lagern in Eichenholzfässern für mindestens 3 Jahre. Bei der Abfüllung muss schottischer Whisky einen Alkoholgehalt von mindestens 40 Vol.% aufweisen. Whiskys aus gemälzter Gerste (Malt-Whiskys oder kurz Malts) sind in der Regel teurer als Getreidewhiskys, bei denen der gemälzten Gerste noch billigerer Roggen oder Weizen beigemengt werden. Solche Whiskys werden Grain-Whiskys genannt.

Der meiste Whisky in Schottland wird zu sogenannten Blends (blended Whisky) verarbeitet. Dabei werden Whiskys verschiedener Brennereien miteinander vermischt. Die Aufgabe des Blenders ist es dabei, möglichst einen gleichbleibenden Geschmack über die Jahre und Jahrzehnte beizubehalten, obwohl sich der Geschmack der „Rohstoffe", also der Whiskys aus den einzelnen Brennereien ändert. Dies erreicht er, indem er die einzelnen Mengenanteile variiert. Wird auf der Flasche ein Alter angegeben, so muss dieses immer dem Alter des jüngsten verwendeten Whiskys entsprechen. Bei uns bekannte Blends sind beispielsweise The Famous Grouse, Ballantine's, Chivas Regal, Teacher's und Johnnie Walker.

In Blends werden in der Regel mehr Grain- als Malt-Whiskys verwendet. Blends sind deswegen meist günstiger zu haben als Single Malts. Letztere zeichnen sich dadurch aus, dass sie aus nur einer Brennerei stammen, wobei der Hersteller hier durchaus verschiedene Fässer mischen darf. Für das Alter gilt dann dasselbe wie bei den Blends. Neben Single Malt gibt es noch Single Cask-Abfüllungen, also Abfüllungen, bei denen alle Flaschen aus ein und demselben Fass stammen. Single Cask-Abfüllungen sind auf den Flaschen meist durchnummeriert. Da solche Abfüllung natürlich stark limitiert sind, sind sie bei Sammlern besonders beliebt, was sich auch im Preis bemerkbar macht.

Wenn ein Single Malt nur aus gemälzter Gerste hergestellt wurde und nur aus einer Brennerei stammt, wird dann ein Single Grain nur aus einem bestimmten Getreide hergestellt? - Nein, so einfach ist es leider nicht. Zwar darf ein Single Grain auch nur aus einer Brennerei stammen, aber er darf neben gemälzter Gerste auch andere Getreidearten, gemälzt oder ungemälzt, enthalten. Um einen Single Grain herzustellen, muss man sogar eine Mischung aus Gerste und anderem Getreide verwenden.

Und schon sind wir wieder bei den Blends, denn auch hier gibt es drei unterschiedliche Sorten, die sich sowohl im Namen als auch in der Zusammensetzung unterscheiden. Der höchstwertige ist demnach der „Blended Malt Scotch Whisky", eine Mischung aus zwei oder mehr Single Malt Whiskys verschiedener Brennereien. Der „Blended Scotch Whisky" muss mindestens einen und darf einen oder mehr als einen Grain Whisky beinhalten. Der „Blended Grain Scotch Whisky" hingegen besteht aus zwei oder mehr Grain Whiskies aus verschiedenen Brennereien und ist somit der billigste Vertreter unter den Blended Scotch Whiskys.

Neben Single Malt, Single Grain oder Blend wird Whisky vor allem nach der Region seiner Herkunft unterschieden. Hier gibt es die meiner Meinung nach etwas willkürlich zusammengewürfelten Regionen, die von der Scotch Whisky Association ausgewiesen werden. Schottlands südlichste Whiskyregion sind die Lowlands, wo es noch drei wichtige Brennereien gibt: Auchentoshan, Bladnoch und Glenkinchie. Westlich davon befindet sich die Stadt Campbeltown, an der Südspitze der Region Argyll and Bute. Hier hatten sich einst über 30 Whiskybrennereien angesiedelt, weswegen man den Whiskys von hier eine eigene Regionenangabe zugestand. Heute gibt es hier gerade einmal noch drei aktive Brennereien. Die größte Whiskyregion sind die Highlands, die eigentlich alles nördlich der Lowlands umfassen, von zwei Ausnahmen abgesehen. Eine Unterregion sind die Inselwhiskys („The Islands"), das sind Whiskys von den Inseln Skye, Mull, Jura, den Äußeren Hebriden und von den Orkneys.

Nun zu den zwei Ausnahmeregionen. Nummer eins ist die Region „Islay", also alle Whiskys von der Insel Islay. Diese zeichnen sich durch starke Torfrauchigkeit aus. Es gibt noch acht produzierende Brennereien in dieser Region, die bekanntesten dürften Ardbeg, Lagavulin, und Laphroaig sein. Wenn Sie also eine Flasche mit der Aufschrift „Islay Single Malt" in die Hände bekommen, können Sie mit ziemlicher Sicherheit davon ausgehen, eine echte „Rauchbombe" vor sich zu haben. Den Rauch erhält der Whisky übrigens dadurch, dass das verwendete Getreide mit Rauch aus getrocknetem Torf gedörrt wird.

Die letzte Region und damit die zweite Ausnahme ist die Speyside. Ausnahme deshalb weil die Speyside eigentlich mitten in den Highlands liegt. Brennereien der Speyside-Region liegen allesamt am Fluss Spey. Und für die eher kleine Region sind es wirklich viele. Bekannteste Vertreter der Speyside sind Glenfiddich, The Macallan und Glenfarclas. Hauptstadt der Speyside-Region ist Dufftown. Whiskys aus der Speyside sind komplex, aber selten rauchig.

Bleibt noch die Frage, wie der Geschmack in den Whisky kommt. Nun, hierfür ist hauptsächlich die Art und der Ort der Lagerung , sowie natürlich die Länge der Lagerung verantwortlich. Gelagert wird Scotch Whisky meist in gebrauchten Fässern und nimmt dadurch, neben dem Geschmack des Holzes selber, auch den Geschmack des im jeweiligen Fass zuvor gelagerten Produkts an, welcher ja in das Holz eingezogen ist. Üblich ist hier fast alles, außer gebrauchten Sauerkraut- und Ölfässern. Beliebt sind Ex-Bourbon-Fässer aus amerikanischer Weißeiche. Außerdem werden gerne ehemalige Wein- und Sherryfässer verwendet. Bourbon wird per Gesetz nur in fabrikneuen Eichenfässern gelagert. Dies ist beim Scotch aber unüblich. Durch die in der Regel wesentlich längere Lagerzeit würde der Whisky viel zu viel Aromen aus dem jungfräulichen Holz ziehen. Üblich ist hier vielmehr eine

Reifung in unterschiedlichen Fässern. So werden Whiskys zum Beispiel für zehn Jahre in einem ehemaligen Bourbonfass gelagert und kommen dann nochmal zum „finish" für ein halbes Jahr in ein gebrauchtes Portweinfass.

Bildnachweis der Kapitel-Titel

(K: kleines Foto, G: großes Foto)

Literatur, Links und Verweise

1: Susanne Tschirner: „Reise-Handbuch Schottland mit Extra-Reisekarte", DuMont Reiseverlag, 3. Auflage, 2014, ISBN: 978-3-770177-486

2: Dr. Madeleine Reincke: „Reiseführer Schottland, mit großer Reisekarte", Verlag Karl Baedeker, 11. Auflage, 2013, ISBN: 978-3-829718-417

3: Katja Wündrich und Seonaidh Adams: „Whisky Trails - ein Reisehandbuch für Schottland", Goldfinch-Verlag, 2. Auflage, 2013, ISBN: 978-3-940258-35-9

4: https://www.whisky.de/flaschen-db/brennereien.html

5: http://www.vivabritannia.de

6: Sven Rudloff: „Viva Britannia 1: Wissenswertes von der Insel", JMB Verlag, 3. Auflage, 2016, ISBN: 978-3-944342-825

7: Sven Rudloff: „Viva Britannia 2: Mehr Wissenswertes von der Insel", JMB Verlag, 2. Auflage, 2016, ISBN: 978-3-944342-740

8: http://www.northcoast500.com

9: Automobile Association: „Glovebox Atlas Scotland (Aa Glovebox Atlas)", Aa Publishing, 3. Auflage, 2012, ISBN: 978-0-749577-698

10: https://www.google.com/maps/

11: http://www.fifearms.com/

12: http://www.deesidebrewery.co.uk/

13: http://glendronachdistillery.co.uk/

14: http://www.discovergardenstown.co.uk/heritage.htm

15: https://www.walkhighlands.co.uk/
aberdeenshire/cullykhan-bay.shtml

16: http://www.imdb.com/title/tt0085859/

17: http://www.undiscoveredscotland.co.uk/
portsoy/portsoy/

18: https://www.facebook.com/TheShoreInn/

19: http://dolphincentre.whales.org/

20: http://uk.whales.org/

21: http://de.whales.org/

22: http://oldkirk.co.uk/

23: http://www.cairngormreindeer.co.uk/

24: http://www.cairngormmountain.org/funicular-
railway/

25: http://www.lossiemouthmarina.com/
eastbasin.htm

26: https://www.historicenvironment.scot/visit-a-
place/places/fort-george/

27: http://www.black-isle.info/

28: http://www.blackislebrewery.com/

29: http://theanderson.co.uk/splashdri.htm

30: https://www.gov.uk/government/publications/
signal-controlled-roundabouts-ltn-109

31: http://www.cromartylive.co.uk/

32: http://www.thedoresinn.co.uk

33: http://www.dunnetheadlighthouse.com/

34: https://www.visitscotland.com/

35: http://kyleskuhotel.co.uk

36: http://www.thelittlesoapandcandlecompany
.co.uk/

37: http://stoerlighthouse.co.uk/

38: http://www.ullapoolpoint.com/

39: http://www.highlandpix.co.uk/

40: http://www.lochbroomfm.com/

41: https://www.isleofskye.com/skye-guide/top-ten-skye-walks/coral-beach

42: http://www.stein-inn.co.uk/

43: http://www.hotelintheskye.co.uk/

44: Mara Laue: „Talisker Blues", Goldfinch Verlag, 2. Auflage, 2013, ISBN: 978-3-940258-16-8

45: http://www.skyeoysterman.co.uk/

46: http://goo.gl/kg28dW

47: http://www.eileandonancastle.com/

48: http://blair-castle.co.uk/

49: http://www.sweeneytod.co.uk/

50: http://www.dunkeldcathedral.org.uk/

51: http://maltwhiskytrail.com/

52: https://www.smidgeup.com/midge-forecast/